# El Tesoro de los Cuentos de Navidad

**Escritora colaboradora**
Carolyn Quattrocki

**Ilustraciones de la portada**
Wayne Parmenter y Sally Schaedler

**Ilustraciones**
Susan Spellman

**Traducción**
Claudia González Flores
Arlette de Alba

PUBLICATIONS INTERNATIONAL, LTD.

"Un Cuento de Navidad" es una adaptación de *A Christmas Carol*, de Charles Dickens.

"El Ángel más Pequeño" es una adaptación de *The Littlest Angel*, escrito por la hermana Maryanna, O.P.

"Sucedió una Nochebuena" (*'Twas the Night Before Christmas*) fue escrito por Clement Moore.



Louis Weber, C.E.O.
Publications International, Ltd.
7373 North Cicero Avenue
Lincolnwood, Illinois 60712

Ground Floor, 59 Gloucester Place
London W1U 8JJ

Servicio a clientes: customer_service@pubint.com

**www.pilbooks.com**



Fabricado en China.

8 7 6 5 4 3 2 1

ISBN-13: 978-1-4127-3301-4
ISBN-10: 1-4127-3301-4

# Contenido

# UN CUENTO DE Navidad

Era Nochebuena, hace muchos años. Hacía frío y nevaba. Ocupado en su despacho, el viejo Ebenezer Scrooge contaba su dinero. En la helada oficina de al lado, Bob Cratchit, el empleado de Scrooge, estaba sentado temblando de frío.

"Mañana es Navidad", le dijo Bob Cratchit humildemente a su jefe. "¿Necesitará que venga a trabajar, señor?"

"¿Navidad? ¡Bah, patrañas!", contestó Scrooge. "Supongo que tendré que darte el día libre, pero asegúrate de estar aquí más temprano al día siguiente. ¡La Navidad no es más que un pretexto para holgazanear!"

DICIEMBRE
1 2 3 4 5 6
7 8 9 10 11 12 13
14 15 16 17 18 19 20
21 22 23 24 25 26 27
28 29 30 31

En ese momento, Scrooge levantó la vista de su escritorio: había escuchado un ruido por la ventana de su oficina y fue a echar un vistazo.

La gente se había reunido en la calle a cantar villancicos, y Scrooge podía oír su alegre canción:

*¡Dios está con ustedes, bienaventurados!*
*¡Que nada los desanime!*

Scrooge abrió la ventana y les gritó: "¡Largo de aquí! ¿No ven que nosotros sí estamos trabajando?"

"¡Feliz Navidad!", exclamaron los cantores.

Antes de cerrar la ventana, Scrooge contestó: "¡Bah, patrañas! ¡Sólo los tontos andan por ahí deseando feliz Navidad!"

Villancicos

Scrooge regresó a contar su dinero. La sonrisa volvió a sus labios en cuanto observó los montones de monedas de oro que estaban sobre su mesa.

Pero entonces alguien llamó a su puerta y lo interrumpió. Dos caballeros entraron a su oficina. El primero dijo: "Hemos venido a recaudar dinero para los pobres. Es Nochebuena, y mucha gente no tiene qué comer en estas fiestas."

Scrooge contestó: "No tengo tiempo para toda esta charla sobre Navidad. ¡Qué tontería! Dejen que los pobres se cuiden ellos solos. A mí no me molesten."

"Pero, señor", protestó el segundo hombre, "seguramente usted querrá ayudar a los necesitados".

Sacudiendo el puño, Scrooge gruñó: "Navidad… ¡bah, patrañas!"

Esa noche, Scrooge regresó a su solitaria casa, tomó una cena fría y se fue a la cama.

A medianoche, un extraño ruido en su cuarto lo despertó repentinamente. Se sentó en su cama y vio frente a él una figura fantasmal. Observó lo que parecía una persona con una manta blanca que se movía lentamente hacia su cama.

La figura le dijo a Scrooge: "Ven conmigo. Soy el Fantasma de las Navidades Pasadas."

Scrooge se frotó los ojos, pero el fantasma seguía ahí. Aunque estaba asustado, el anciano hizo lo que el fantasma le pedía y salió de la cama.

De pronto, Scrooge se encontró caminando con el fantasma por una calle solitaria. Ante ellos había un enorme y viejo edificio. Scrooge y el fantasma atravesaron la puerta.

Dentro, solo en un salón, había un alumno sentado. Todos los demás niños habían regresado a casa para Navidad, y a este niño lo habían dejado con el maestro. En verdad se veía muy triste.

Scrooge vio al pequeño y dijo: "¡Cielos, se parece a mí cuando era niño! Sé cómo se siente que te dejen solo en Navidad."

"Exactamente", dijo el fantasma. "Te estoy mostrando tu propia Navidad de hace mucho tiempo. Por eso me llaman el Fantasma de las Navidades Pasadas."

Lo siguiente que Scrooge supo fue que estaba de regreso en su cama. Entonces escuchó otro ruido extraño, y un segundo fantasma apareció. "Soy el Fantasma de la Navidad Presente", dijo la figura.

De repente, Scrooge se encontró mirando dentro de la casa de su empleado, Bob Cratchit. Los Cratchit estaban terminando de cenar el budín más pequeño que Scrooge hubiera visto, y sin embargo reían como si fuera un festín digno de un rey. Celebraban la Navidad, aunque tenían té en lugar de ponche y no pudieron comprar un pavo para la cena.

El hijo menor de Bob Cratchit, el pequeño Tim, era tan frágil que tenía que usar una muleta. Pero sonreía al decirle a sus hermanos y hermanas: "¡Feliz Navidad a todos!"

De nuevo en su cama, Scrooge fue visitado muy pronto por un tercer fantasma, que le dijo: "Soy el Fantasma de las Navidades Venideras."

Entonces, Scrooge vio tres hombres que paseaban por la calle en la mañana de Navidad, hablando entre ellos. "Sí, escuché que Scrooge está enfermo", dijo el primero.

"¿A quién le importa lo que le suceda?", comentó el segundo.

El tercer hombre asintió. "Cualquiera que diga que la Navidad son patrañas no merece nuestra ayuda", afirmó.

¡Scrooge se dio cuenta de que estaban hablando de él!

Lo siguiente que Scrooge supo fue que estaba de regreso en su cama, y el sol de la mañana iluminaba su ventana. Era Navidad.

En cuanto se vistió, Scrooge corrió al mercado a comprar el pavo de Navidad más grande que pudo encontrar. Después compró tartas, pasteles, budines y fruta. Envió todo a casa de los Cratchit.

Scrooge salió de nuevo a la calle. Mientras caminaba, le daba dinero a todas las personas que parecían demasiado pobres como para comprar regalos de Navidad para ellos mismos o sus familias.

Pasó junto a los cantores que habían estado frente a su oficina el día anterior, quienes lo miraron, primero sorprendidos y después con sonrisas, cuando él les deseó de corazón: "¡Feliz Navidad!"

Ese día, Scrooge fue de tienda en tienda a buscar regalos de Navidad para todos los miembros de la familia Cratchit.

Compró muñecas para las niñas y pelotas para los niños. Compró bufandas y guantes para todos los pequeños. A la señora Cratchit le compró un lindo pañuelo, y a Bob Cratchit un par de hermosos guantes. ¡Lo mejor de todo fue que al pequeño Tim le compró un títere!

Después de que reunió todos sus regalos, fue a la casa de los Cratchit. Abrió la puerta con los brazos llenos de regalos, exclamando: "¡Feliz Navidad! ¡Feliz Navidad!"

Scrooge y la familia Cratchit tuvieron una cena de Navidad que nadie olvidaría jamás. Esa noche, se saciaron de pavo y otros deliciosos platillos, y después abrieron sus regalos.

Cuando estaban sentados junto a la chimenea, el pequeño Tim miró todas las caras felices y dijo: "¡Feliz Navidad! ¡Que Dios nos bendiga a todos!"

# LA *Estrella* DE LOS *Deseos*

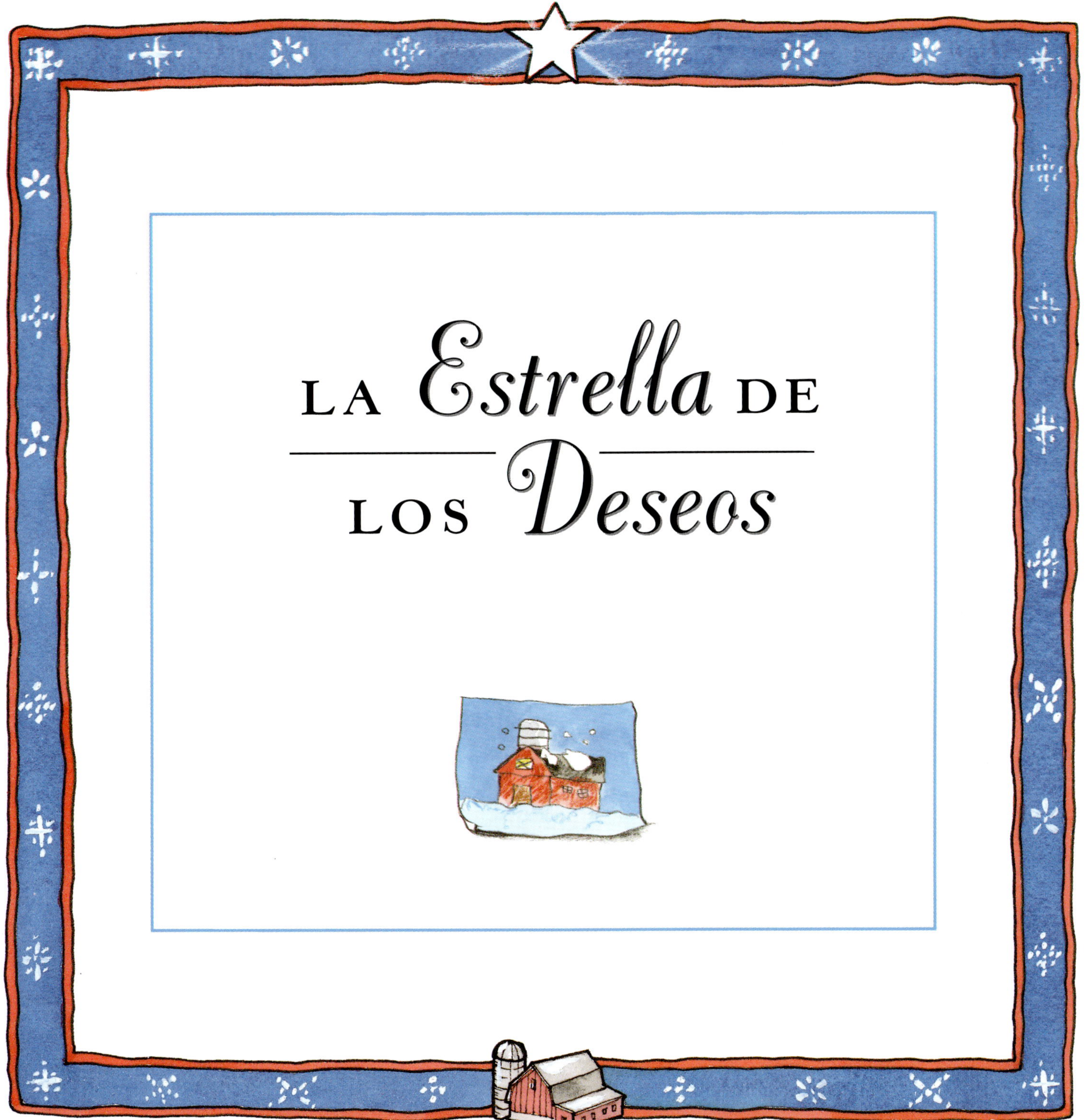

Davey miraba caer la nieve por la ventana. Normalmente le gustaba ver nevar, pero hoy estaba triste. Era Nochebuena, y la nieve estaba tan alta que tal vez le arruinaría la Navidad.

Debido a la tormenta de nieve, Davey temía que su hermano mayor, Josh, no pudiera llegar a casa para Navidad.

"¡Y tengo un regalo muy especial para él!", se dijo el chico. "¡Si tan sólo pudiera llegar!"

Con sus mejores lápices de colores, Davey había hecho un dibujo del establo de su granja. Se lo iba a dar a Josh para que lo colgara en su cuarto de la universidad. Davey se alejó de la ventana con un suspiro.

Entonces, Papá lo llamó: "¿Por qué no me ayudas a quitar la nieve de la entrada del auto? Intentaremos ir al pueblo a terminar nuestras compras navideñas. También tenemos que comprar nuestro árbol, no lo olvides."

Davey corrió a ponerse botas y abrigo. Salió con Papá a la nieve. El niño tomó su pequeña pala y se puso a trabajar, y Papá utilizó su pala grande. Ayudarlo a retirar la nieve hizo que Davey se sintiera mejor.

Al poco rato, Davey, Papá y Mamá iban camino al pueblo. Tuvieron que avanzar muy lentamente debido a la nieve.

"Traje mi dibujo para Josh", dijo Davey en el auto. "Tal vez pueda encontrar un marco que le quede en la tienda."

"Buena idea", dijo Mamá. "Yo te ayudaré a buscarlo."

Cuando llegaron al pueblo, fueron adonde vendían los árboles de Navidad. Davey fue el primero en salir del auto. Corrió hacia un árbol enorme, hermoso y radiante.

"¡Miren éste!", gritó. "¡A Josh le encantará este árbol!" Entonces recordó que probablemente Josh ni siquiera llegara a casa. Davey se sintió triste otra vez.

Mamá y Papá se acercaron a ver el árbol que Davey había encontrado. "Es un árbol maravilloso, Davey", dijo Papá sonriendo. "Creo que tienes razón. Nos lo llevaremos."

Mamá agregó: "Y aunque Josh no pueda estar aquí para verlo, se sentirá muy feliz de que tengamos un árbol tan hermoso."

Más tarde, en la tienda, Mamá llevó a Davey al mostrador donde estaban los marcos para fotos. Davey miró todos los marcos y finalmente dijo: "Me gusta éste de madera. Se parece al establo de madera de mi dibujo."

El marco de madera tenía el tamaño perfecto para su dibujo. Davey estaba muy contento. "Lo compraré por si Josh llega a casa para Navidad", dijo.

Mamá le dio palmaditas en el hombro. "Sé cuánto deseas que Josh esté aquí esta noche", dijo, "pero aún sigue nevando muy fuerte. En realidad no creo que lo logre. Así que no deberás decepcionarte".

"Por lo menos puedo desear que llegue", insistió Davey.

Cuando estaban a punto de salir de la tienda, Davey vio mucha gente. "¿Qué estará mirando toda esa gente?", se preguntó. Corrió a acercarse para poder ver. Mirando por un lado del hombre que estaba frente a él, Davey alcanzó a ver lo que había en medio de toda esa gente.

¡Era Santa Claus! Los niños se sentaban en su regazo y hablaban con él. "¿Nos podemos formar, Papá, por favor?", le rogó Davey.

"Bueno, tenemos un poco de prisa. Necesitamos regresar a casa antes de que suba demasiado la nieve", dijo Papá. "Pero como se trata de Santa Claus, creo que podemos esperar un poco."

Davey dio a Papá un gran abrazo de agradecimiento y corrió a formarse. Parecía que pasaban siglos, pero finalmente llegó su turno.

Cuando Davey se sentó sobre el regazo de Santa Claus, éste le dijo: "Muy bien, y ¿qué es lo que deseas para Navidad?"

"Deseo que mi hermano Josh pueda llegar a casa para Navidad", dijo Davey. "Como la nieve está tan alta, Mamá y Papá creen que no podrá lograrlo."

"Generalmente no entrego gente en Nochebuena, sólo juguetes", dijo Santa Claus. "Pero te diré algo. Hoy en la noche, antes de irte a dormir, pide tu deseo a la estrella más grande y brillante del cielo. Esa es la Estrella de los Deseos."

"¿De verdad funcionará?", preguntó el niño.

"Bueno, nunca se sabe con los deseos, así que no te puedo asegurar nada", dijo Santa Claus. "¡Pero vale la pena intentarlo!"

En el auto, camino a casa, Davey notó que cada vez caía más nieve. Cuando Mamá, Papá y él casi llegaban a casa, Davey les contó sobre la Estrella de los Deseos.

"Todos pedimos deseos de vez en cuando", dijo Mamá, "pero a veces no pueden volverse realidad".

"De todos modos voy a intentarlo", insistió Davey.

Esa noche después de cenar, Papá puso el árbol de Navidad sobre su base, y Mamá y Davey le ayudaron a decorarlo con luces de colores, esferas y guirnaldas de oropel.

Mientras trabajaban, Davey pensó con tristeza: "Sería fantástico que Josh estuviera aquí para que viera nuestro hermoso árbol."

Papá puso el ángel dorado en la punta. "¡Creo que este es el mejor árbol que hemos tenido!", exclamó.

Davey fue a la ventana y se asomó al exterior. La nieve había dejado de caer. Y ahí, justo sobre él, había una estrella que Davey nunca antes había visto. Era grande y brillante. Era la estrella más grande y brillante en todo el cielo, tal como Santa Claus le había dicho.

Davey miró la estrella y dijo: "Estrella de los Deseos, por favor haz que mi deseo de Navidad se convierta en realidad. Quiero que Josh llegue a casa esta noche, para que todos podamos estar juntos en Navidad." Entonces Davey cerró los ojos y lo deseó con todas sus fuerzas.

Al poco rato, Davey escuchó la voz de Mamá: "Es hora de ir a la cama, pequeño. Si ya te vas a dormir, la Navidad llegará antes de lo que te imaginas."

Davey colgó su calceta cerca de la chimenea. Les dio un beso a Papá y Mamá, y comenzó a subir las escaleras rumbo a su cuarto.

En ese momento, los tres escucharon ruidos frente a la puerta. "¿Quién podrá ser?", preguntó Papá.

De pronto, la puerta se abrió ¡y ahí estaba Josh! Davey corrió a la entrada y le dio a su hermano el abrazo más grande que pudo.

Después de todo, Josh había llegado a casa. ¡El deseo de Navidad de Davey se había hecho realidad!

Más tarde esa noche, cuando Davey finalmente estaba en su cama, miró por la ventana. Por supuesto, la Estrella de los Deseos seguía en el cielo.

"Gracias, Estrella de los Deseos", susurró. "Sabía que podrías hacerlo. ¡Has hecho que esta sea la mejor de las navidades!"

# La Niña de los Fósforos

Hacía mucho frío. Estaba oscureciendo, y una gran nevada había comenzado a caer. Era Nochebuena.

Una niñita caminaba por las calles oscuras. Iba vestida con harapos y llevaba un puñado de fósforos en la mano.

Todo el día, la niña de los fósforos había tratado de vender sus fósforos. "¡Un fósforo por un centavo!", les ofrecía a los compradores de la calle, con su delgada y lastimosa voz.

Pero la gente sólo volteaba a verla y seguía su camino. Casi era de noche. La pobre niña no había vendido ni un solo fósforo.

SASTRE

Al ir caminando, la niña de los fósforos comenzó a sentir mucho frío. Sólo llevaba unos zapatos viejos y delgados. No traía calcetas, porque no tenía con qué comprarlas.

De repente, una voz gritó: "¡Fuera de mi camino!" En ese momento, escuchó el estruendoso sonido de pisadas de caballos. Cruzó rápidamente al otro lado de la calle, arreglándoselas para salir del camino de un carruaje muy grande tirado por dos enormes caballos.

Cuando se detuvo a recuperar el aliento, la niña de los fósforos miró sus pies. Al escapar del carruaje y los caballos, había perdido sus zapatos. Ahora estaba descalza.

La niña de los fósforos siguió caminando por las calles; cada vez se hacía más tarde. Más adelante, vio una luz que brillaba por la ventana de una de las casas.

La niña de los fósforos se asomó por la ventana y vio una mesa arreglada con un mantel blanco, velas y platería. Sobre la mesa había un gran banquete de Navidad: un pavo gordo, relleno con las tradicionales manzanas y nueces; pasteles y tartas de todo tipo; budines y toda la fruta imaginable. La niña de los fósforos nunca antes había contemplado un festín así.

Una familia entró en la habitación y se sentó a la mesa. La niña deseaba poder unirse a esa mamá, ese papá y sus tres pequeños, que estaban a punto de disfrutar de la deliciosa cena de Navidad. ¡Cuánta hambre tenía!

La niña de los fósforos suspiró y se alejó caminando por la calle. Al poco rato vio una luz que brillaba por la ventana de otra casa.

Esta vez, cuando miró dentro, la niña de los fósforos vio un extraordinario árbol de Navidad. Tenía una estrella dorada en la punta y velas titilando en las ramas. Había vistosos paquetes apilados debajo del árbol.

Mientras la pequeña vendedora de fósforos miraba, un grupo de alegres niñas y niños entró al cuarto. Aplaudieron contentos al ver el árbol y todos los regalos.

¡Cuánto deseaba la niña de los fósforos poder reír y jugar con esos niños alrededor del árbol de Navidad!

Mientras se alejaba de la ventana, la niña de los fósforos escuchó un grupo de personas que cantaban villancicos cerca:

*Noche de paz, noche de amor,*
*todo duerme en derredor…*

A la niña de los fósforos le pareció muy hermosa la música, así que los siguió por la calle, escuchando su canción:

*Hasta los astros que esparcen su luz,*
*van anunciando al niñito Jesús.*
*Brilla la estrella de paz,*
*brilla la estrella de amor.*

Cuando terminaron de cantar, invitaron a las personas a pasar a una cocina muy bien iluminada. Parada junto a la puerta, la niña de los fósforos pudo oler el pan que estaban horneando dentro. Una vez más, se quedó completamente sola.

VILLANCICOS
VILLANCICOS

Se estaba haciendo tarde, y la niña de los fósforos tenía mucho frío. Para mantenerse caliente decidió encender uno de sus fósforos.

Raspó el fósforo, y se encendió. A la luz brillante del fósforo, se imaginó que estaba sentada en una mesa comiendo un banquete de Navidad, justo como el que había visto a través de la ventana.

La niña de los fósforos comía pavo con budín y fruta y pastel y tarta. ¡Qué bien le cayó la comida caliente! Se sentía satisfecha y feliz.

En ese momento, el fósforo se apagó. La luz brillante se había extinguido, y la niña de los fósforos estaba sola de nuevo en la oscuridad. Temblaba de frío.

La niña de los fósforos decidió encender un segundo fósforo para tratar de volver a sentir calor. Lo raspó, y nuevamente una luz brillante y cálida apareció.

A la luz de este fósforo, se imaginó que estaba con los niños y niñas alrededor del árbol de Navidad, a punto de abrir un regalo envuelto en papel rojo y atado con un listón dorado. Se sentía ansiosa por ver lo que tendría dentro.

En ese momento, el fósforo se apagó. De repente, todo se oscureció y de nuevo la niña de los fósforos se quedó sola y con frío.

A excepción de la luz de las lámparas de la calle, la noche estaba completamente oscura, y la niña de los fósforos sintió tanto frío que decidió encender todo el puñado de fósforos.

Cuando raspó todos sus fósforos, el mundo entero pareció encenderse. Las estrellas en el cielo se apagaron. La niña de los fósforos se sintió abrigada y de maravilla.

Al mirar a su alrededor, la niña de los fósforos tuvo una sorprendente visión. Vio un ángel todo vestido de blanco. El ángel estaba sonriendo y se acercaba a ella con los brazos abiertos.

El ángel tomó a la niña de los fósforos en sus brazos y le sonrió. Después comenzó a caminar, cargando a la pequeña.

"¿A dónde vamos?", preguntó la niña de los fósforos.

"Te llevaré a un sitio donde jamás tendrás frío", contestó el ángel mientras se elevaba lentamente en el cielo nocturno. "Es un lugar que siempre está lleno de luz y calor. Iremos adonde sólo hay alegría y risas, y nunca volverás a sentir hambre."

A la mañana siguiente, quienes salieron de sus casas vieron un puñado de fósforos quemados sobre la nieve. Se preguntaron qué había sucedido.

Lo que no supieron fue que la niña de los fósforos se había ido a un lugar donde siempre tendría calor, amor y felicidad… ¡tanta felicidad que todos los días serían como Navidad!

# EL *Ratón* DE *Navidad*

Walter Bigotes era un ratoncito triste. Su hogar estaba en una enorme casa. De hecho, había vivido en un agujero en esta misma casa desde que era un diminuto ratoncito.

Su pequeño agujero siempre había sido un sitio acogedor y cálido. Y siempre había mucho que comer… por lo menos hasta algunos meses antes. Después, la familia que vivía ahí se mudó a otro lado.

Ahora no había niños en la casa, ya no había música, ni fiestas, ni diversión. Y no había cosas ricas que comer. Walter suspiró, recordando cuánto extrañaba todo eso.

EN
VENTA
BIGOTES

Walter vivía en la casa con su esposa, Wanda Bigotes, y sus cuatro hijos, los ratoncitos Wili, Warner, Wilma y Winifred.

Solían comer bien y estar contentos, porque siempre encontraban restos de comida en el piso de la cocina o debajo de la mesa del comedor. Y generalmente había deliciosos bocadillos detrás de la estufa de la cocina.

Pero ahora, Walter y su familia cada vez tenían más hambre y frío. Y además de todo, ¡se acercaba la Navidad! ¿Qué podría hacer Walter?

HES

Entonces, precisamente dos días antes de Navidad, algo sucedió. Wanda despertó a Walter temprano. "¿Qué es ese ruido?", exclamó. Escucharon golpes y gritos fuera de su agujero. Walter corrió a la puerta y echó un vistazo.

¡Unas personas se mudaban a su casa! Estaban metiendo tapetes y sillas y un enorme sofá verde en la sala. Y un inmenso piano ocupaba toda una esquina.

Mientras Walter miraba, tres niños entraron corriendo. Reían y miraban emocionados a su alrededor. Uno de ellos dijo: "¡Oh, me va a encantar nuestra casa nueva!"

MUDANZAS
S.A.
MU
S.A.

Walter llamó a toda su familia para que fueran a ver. Wanda y todos los ratoncitos estaban fascinados de que hubiera una nueva familia en su casa.

"Ahora habrá mucha comida para nosotros, y nuestro agujero estará caliente de nuevo", le dijo Walter a su esposa y los niños. "Volverá a ser como antes, ya verán."

¡Pero Walter no sabía la terrible conmoción y el alboroto que mover esos muebles acarrearía! Todo el agujero de los ratones se estremeció con el ruido. El piso parecía bailar. Y esa noche, aún no había comida para los pequeños ratones.

HOGAR DULCE
HOGAR

Pero a la mañana siguiente, la familia Bigotes despertó entre deliciosos aromas. Y un aire agradable y cálido entraba a su agujero. Era Nochebuena, y la nueva familia se estaba preparando para la celebración.

Esa tarde, Walter percibió un olor diferente. Se asomó por el agujero, y otra vez llamó a Wanda y a los niños para que fueran a ver.

¡La familia estaba colocando un árbol de Navidad enorme y hermoso! Llegaba hasta el alto techo. Y lo estaban decorando con luces que centellaban y esferas de todos colores. En la punta del árbol había una estrella dorada.

Esa noche, después de que los niños colgaron sus calcetas y se fueron a la cama, Walter y su familia salieron a la sala a echar un vistazo. ¡Y vieron el espectáculo más sorprendente!

"Mira, papá", gritó la pequeña Winifred. Ahí, corriendo alrededor del árbol de Navidad, había un pequeño tren de juguete… justo de su tamaño. Tenía una gran locomotora roja y anaranjada, con tres vagones detrás, uno azul, otro verde y uno de color naranja, además de un furgón al final. Los rieles del tren pasaban sobre un puente y alrededor de una montaña de juguete.

Al lado de las vías se encontraba un pequeño pueblo de juguete. Había árboles y tiendas, y hasta una casa del tamaño ideal para un ratón. Walter y su familia apenas podían creer lo que veían.

Walter dijo: "Ya sé lo que debemos hacer. ¡Hagamos nuestra propia fiesta de Navidad!"

"¡Oh, sí!", gritaron todos los ratoncitos. Al escuchar eso, Wanda regresó a su agujero por algunas cuentas viejas que había guardado. Los ratones colgaron las cuentas en un pequeño árbol para decorarlo. Tenían lindos colores y parecían esferas brillantes en el pequeño árbol.

Después, Wili recordó que tenía algunas semillas de manzana. Los ratoncitos las ensartaron para hacer más adornos para el árbol. Wanda incluso recortó un trozo de papel dorado en forma de estrella para ponerlo hasta arriba. ¡Ahora ellos tenían su propio árbol de Navidad!

Más tarde, Walter fue al comedor, donde la familia había tenido su cena de Nochebuena. Recogió las migajas que estaban debajo de la mesa. Había pedacitos de queso delicioso, trocitos de un sabroso pan y hasta diminutos bocados de pastel. ¡Qué gran banquete para la familia Bigotes!

Finalmente, Walter dijo: "Habrá un gusto más para celebrar nuestra buena suerte. Todos daremos una vuelta en el tren. Y yo seré el conductor."

Así que Walter se subió a la locomotora, mientras Wanda y los ratoncitos entraban a los vagones que estaban detrás. Wili insistió en sentarse en el furgón. ¡Y dieron vueltas y vueltas alrededor del árbol de Navidad!

Al final, Walter dijo: "Es hora de que todos estos ratoncitos se vayan a la cama. ¡Hemos tenido la mejor celebración de Navidad!"

"¡Oh, sí, papá!", exclamaron Wili y Warner y Wilma y Winifred.

A la mañana siguiente, los niños de la casa bajaron corriendo las escaleras para revisar sus calcetas. Miraron el tren y el pueblo de juguete. El diminuto árbol tenía adornos navideños. Había migajas esparcidas por todos lados. Y unas huellas de patitas se acercaban al tren.

Su padre sonrió y dijo: "Parece que alguien más también ha disfrutado de nuestra Navidad. Bueno, ¡creo que tenemos nuestro propio ratón de Navidad!"

Dentro de su agujero de ratón, Walter Bigotes sonrió. Estaba pensando en todo lo que hicieron para celebrar la Navidad la noche anterior y en muchas maravillosas navidades por venir.

# Cascabel, Cascabel

Toby estaba enojado. "¡No es justo!", exclamó, golpeando los pies contra el piso de la cocina. "¿Por qué siempre es así?", le preguntó a su mamá.

Jeb y Harriet, su hermano y hermana mayores, siempre se divertían. Y esta noche iban a salir otra vez a pasear en trineo con los niños más grandes de las granjas vecinas.

Toby no podía ir porque era "demasiado pequeño". ¿Algún día dejaría de ser "demasiado pequeño" para todas las cosas que quería hacer? "Mamá, ¿cuándo seré suficientemente grande? Eso es lo que quiero saber."

Su mamá sonrió. "Tal vez el año próximo serás suficientemente grande para ir. Pero por ahora, es momento de ir a la cama", dijo.

Toby subió a la recámara que compartía con la bebé Sarah. "Soy mucho más grande que Sarah. ¿Por qué Harriet y Jeb siempre hacen cosas juntos, y yo me quedo con la bebé?", se quejó.

Pero ella sólo abrazó a Toby y le sonrió de nuevo. "Algún día serás grande. Te lo prometo", dijo. Arropó a Toby y a Sarah bajo sus cobertores y les dio un beso de las buenas noches.

En cuanto Toby cerró los ojos, escuchó unas risas afuera. Salió de la cama y se asomó por la ventana de su cuarto justo a tiempo para ver que Harriet y Jeb subían a un trineo jalado por un hermoso caballo alazán.

El trineo estaba lleno de sonrientes niños y niñas vestidos con sombreros, guantes y gruesas bufandas. El caballo movía inquieto sus patas, y el chico que conducía el trineo gritaba: "Súbanse, Harriet y Jeb. ¡Daremos un maravilloso paseo esta noche!"

Mientras el trineo se alejaba de la puerta de la casa, Toby podía escuchar a todos cantar: "*En trineo van, por la nieve a pasear…*"

El día siguiente era Nochebuena. Su papá les dijo a Harriet y Jeb: “Tenemos un trabajo importante que hacer esta mañana. Debemos ir al bosque a cortar nuestro árbol de Navidad.”

“¡Yo también voy!”, gritó Toby.

“Es mejor que te quedes con mamá y Sarah”, dijo su papá. “Tal vez el próximo año seas suficientemente grande como para ayudarnos.”

Toby se quedó tan triste que brotaron lágrimas de sus ojos. ¡Entonces su mamá tuvo una idea! Mientras los otros iban por el árbol, ella y Toby hicieron largas sartas de arándanos rojos para decorar el árbol. La pequeña Sarah los observó. Se la pasó riendo y tratando de atrapar los arándanos. Después de todo, no fue una mañana tan mala.

Justo antes de almorzar, Harriet, Jeb y su papá entraron a la casa, medio cubiertos de nieve. Arrastraban un enorme árbol. "Almorcemos pronto", dijo el papá, "para poder decorar el árbol".

Esa tarde, el papá colocó el árbol en la sala. Toda la familia se reunió para colgarle esferas de colores y brillante oropel.

Después, Toby dijo: "Miren lo que mamá y yo hicimos esta mañana para el árbol." Lleno de orgullo, les llevó los hilos de arándanos. Jeb le ayudó a colgarlos desde las ramas más altas. Toby estaba seguro de que sus adornos eran los más bonitos de todos.

Esa noche, Harriet, Jeb y Toby colgaron sus calcetas en la chimenea. Harriet colgó una larga y azul. La calceta marrón de Jeb tenía un agujero en la punta. ¡Esperaba que ninguno de sus regalos se saliera por el agujero! Toby colgó su calceta verde favorita. También pusieron una más chica, con rayas rojas y blancas, para la bebé Sarah, porque era demasiado pequeña como para hacerlo sola.

Después, su mamá dijo: "Ya es hora de que Toby y Sarah se vayan a la cama."

"¿Tan temprano?", preguntó Toby. Pensó en pedirles que lo dejaran estar despierto un poco más. Pero por primera vez no protestó, porque, después de todo, ¡mañana sería Navidad!

Toby se fue a la cama, pero apenas acababa de cerrar los ojos cuando sus papás entraron al cuarto. ¿Ya era hora de levantarse?

"No se duerman tan rápido, pequeños", les dijo el papá a Toby y a Sarah. "Mamá, Harriet, Jeb y yo les tenemos una gran sorpresa."

Los papás cargaron a Toby y a Sarah, ambos envueltos en sus tibios cobertores, hasta la puerta de su casa. Ahí, justo frente a la casa, ¡había un hermoso trineo! Estaba pintado de rojo y adornado con pequeños cascabeles plateados. Rápidamente, toda la familia se acomodó en el trineo. Los cascabeles sonaban mientras ellos comenzaban a deslizarse lentamente por la nieve.

Al poco rato ya se estaban deslizando por el campo abierto, acompañados por el clop-clop de los cascos del caballo y el sonar de los cascabeles. ¡Toby sentía que iban volando! Y mientras paseaban, comenzaron a cantar:

*En trineo van,*
*por la nieve a pasear,*
*suena un cascabel*
*y cantan otros más.*
*Música de amor,*
*porque es Navidad*
*brillan nuestras almas*
*y todo es felicidad.*

*¡Cascabel, cascabel,*
*lindo cascabel!*
*Con tus notas de cristal*
*nos traes la Navidad.*

Cuando iniciaron su regreso a casa, el papá de los chicos hizo que el caballo fuera a un paso más lento. El balanceo del trineo y el sonido de los cascabeles arrullaron a Toby y empezó a cerrar los ojos.

Toby recargó la cabeza sobre el hombro de su papá. Le sonrió y susurró: "¡Esta es la mejor sorpresa de Navidad que he tenido!"

Y mientras los ojos de Toby se cerraban lentamente, tarareaba para sí mismo: "Cascabel, cascabel…"

# LA *Juguetería* MÁGICA

La nieve cubría el suelo, y seguía nevando suavemente. Estaba oscureciendo. Sólo la lámpara de la calle iluminaba el frente de la juguetería. En el interior, Cornelio, el anciano juguetero, estaba muy ocupado trabajando.

"Sólo faltan dos días para Navidad", se dijo. "Aún tengo que terminar todos estos juguetes antes del gran día. Ya no soy tan joven como antes, y ya no puedo trabajar tan rápido. Sólo espero poder terminarlos."

Cornelio sabía que los niños y niñas del pueblo estaban ansiosos de recibir sus juguetes de Navidad. Y había hecho uno especial para cada niño que conocía.

Entonces Katerina, la esposa de Cornelio, entró a la tienda. "Ya pasó tu hora de ir a cenar a la casa", dijo ella amablemente. "Necesitas descansar."

"No puedo detenerme ahora. Tengo que seguir trabajando", contestó Cornelio. "Debo terminar este tren de juguete antes de ir a cenar. Carlitos se pondrá muy triste si no recibe este tren en Navidad."

Cornelio señaló una muñeca y un par de patines que había terminado. "Por lo menos esos ya están listos para Carolina y el pequeño Tom", dijo. "Pero aún tengo que hacer el soldado de madera para Eduardo. Parece que cada Navidad hay más trabajo."

En ese momento, sonó la campana de la tienda. Entró una mujer pobre con sus tres hijos. Los ojos de los niños se abrieron de asombro al ver los maravillosos juguetes.

"¡Miren ese tren de juguete!", dijo Pedro, el niño mayor. "¡Cómo desearía tener uno!" Lisa, su hermana, sonrió con timidez al ver la hermosa muñeca vestida de princesa. La pequeña Karen tocó al tierno conejito rosa.

Pero la madre suspiró. Sólo tenía unas cuantas monedas para gastar, seguramente no serían suficientes para estos maravillosos juguetes. Con tristeza, ella y los niños salieron de la tienda.

Después de que los niños y su madre salieron, Katerina se quedó muy triste. Entonces se le ocurrió algo. "¿Por qué no les damos a los niños los juguetes que quieren", dijo, "como regalo especial de Navidad, aunque no puedan pagarlos?"

El viejo Cornelio negó con tristeza y contestó: "Ojalá pudiéramos. Pero esos juguetes ya están prometidos a otros niños. Y no me queda tiempo para hacer más."

Cornelio guardó todas sus herramientas. Después, Katerina y él cerraron la tienda y salieron a la noche nevada.

JUGUETERÍA

Después de que Cornelio y Katerina salieron, los juguetes de la pequeña tienda repentinamente despertaron y cobraron vida. Comenzaron a hablar entre ellos. Habían escuchado y visto que los niños pobres deseaban juguetes de Navidad.

Entonces Adolfo, uno de los soldados de juguete más apuestos, tuvo una idea. "Nosotros podemos ayudar. ¡Podemos hacer los regalos especiales de Navidad para los niños!"

"¡Oh, sí!", exclamó el oso marrón. "Yo haré el más tierno conejito rosa para la pequeña Karen."

"Y nosotros empezaremos enseguida con el tren de juguete para Pedro", dijeron Juan y Guillermo, dos soldados de juguete fuertes e inteligentes.

Pero Luisa, la hermosa muñeca, comentó: "¡Qué ideas tan raras tienen! Yo nunca he trabajado antes, y estoy segura de que no empezaré ahora. Háganlo ustedes, juguetes tontos, si creen que pueden. ¡Pero no cuenten conmigo!"

Caminó hasta una esquina de la repisa y observó cómo los otros juguetes comenzaban a trabajar.

Juan y Guillermo, los dos soldados, ya habían empezado a armar la locomotora de juguete. Adolfo se acercó a ayudarlos. El oso marrón estaba cosiendo los costados de un peludo conejo rosa y llamó a Verónica, una elefanta gris con orejas color lavanda, para que le llevara mucho relleno suave.

Después, Luisa vio dos gatitos color caramelo que trataban de pintarle la cara a una muñeca. Estaban derramando pintura por todas partes.

"¡Cielos!", pensó Luisa, "¿acaso no pueden hacerlo mejor? Es un terrible desastre. Tal vez sea mejor que los ayude, sólo por un momento".

Luisa alejó a los gatitos y se puso a trabajar. Después de un rato, uno de los gatitos dijo: "¡Oooh, qué hermosa la dejaste!... ¡Casi tan hermosa como tú!" Luisa resplandeció con su más linda sonrisa y les dio palmaditas en la cabeza.

Cuando Cornelio y Katerina abrieron la tienda al día siguiente, se encontraron con tres juguetes que nunca antes habían visto. Había un tren con una etiqueta que decía: *Para Pedro.* Y una muñeca con una etiqueta que decía: *Para Lisa.* Y, finalmente, un suave conejito rosa, cuya etiqueta decía: *Para la pequeña Karen.*

"¿De dónde salieron?", se preguntó Cornelio en voz alta. "No puedo entenderlo. ¡Algo mágico debió haber sucedido aquí!"

Esa noche, cuando la madre y sus tres hijos pasaron frente a la tienda de nuevo, Cornelio los llamó para que entraran. Entonces Katerina y él les dieron sus maravillosos regalos de Navidad.

Cornelio y Katerina no regresaron a la tienda al día siguiente porque era Navidad. Se quedaron en casa a disfrutar de una cena navideña especial. Se sentían felices porque sabían que todos los niños del pueblo estaban jugando con sus nuevos juguetes.

Pero al día siguiente, cuando Cornelio llegó a su juguetería, quitó el letrero que tenía sobre la puerta. "¿Qué estás haciendo?", le preguntó Katerina.

"Debo cambiar el nombre de mi tienda", dijo. "Haré un nuevo letrero. De ahora en adelante, mi tienda ya no se llamará *Juguetería*."

LA
JUGUETERÍA
MÁGICA
JUGUETERÍA

"Entonces, ¿cómo se llamará?", preguntó Katerina.

"Por la magia que sucedió esta Navidad", dijo Cornelio, "¡de ahora en adelante mi tienda se llamará *La juguetería mágica!*"

# EL *Ángel* MÁS *Pequeño*

Hace mucho tiempo, mucho antes de que naciera cualquiera de los que viven ahora, no había época de Navidad: no había árboles navideños decorados alegremente, ni regalos de Navidad, ni gente que cantara villancicos bajo la nieve de una noche de diciembre. Era así porque todavía no había nacido Jesús en un humilde portal de Belén.

Claro que existía el cielo, el hogar de los gloriosos ángeles que volaban entre las nubes con hermosas alas de plumas brillantes. Llevaban largas y ligeras túnicas blancas, y su cabello dorado caía en ondas y rizos hasta sus espaldas.

Eran altos, fuertes y veloces… todos, excepto el ángel más pequeño, quien era chiquito y tenía caireles cortos y rubios. Acababa de recibir sus alas y apenas estaba aprendiendo a volar.

Un día, el arcángel Gabriel hizo un anuncio de gran importancia. "Esta noche", declaró con voz resonante, "¡volaremos a la tierra para honrar el nacimiento del Príncipe de la Paz! ¡Cantaremos himnos en todo el mundo, llevando alientos de gran alegría!"

El ángel más pequeño saltó de emoción. ¡Hoy sería la noche de la que tanto había escuchado hablar! Durante semanas, los ángeles mayores habían planeado una espléndida celebración.

¿Le permitirían ir con ellos? El canto del ángel más pequeño aún era débil, pero tenía un problema todavía peor: no podía volar tan rápido como los demás. No resultaría muy fácil ir.

"A menos que me adelante", pensó, y esto lo animó. "Si me voy ahora, llegaré a Belén antes que los demás. ¡Se sorprenderán al verme ahí!"

En ese momento, el ángel más pequeño se paseaba junto al mar cristalino del cielo. En la orilla había miles de flores con centro dorado y cinco pétalos de color blanco perla.

Las flores de estrellas eran consideradas en la tierra como símbolo de esperanza, y seguramente serían un lindo regalo para el bebé recién nacido. Así que el ángel más pequeño tomó un puñado y las acomodó en el cordón de su túnica.

Era el momento de probar sus alas de una forma en que nunca antes lo había hecho. El ángel más pequeño subió a la nube más alta, ¡y se lanzó!

Milagrosamente, sus alitas se abrieron, y el ángel más pequeño se deslizó por el aire. Entonces las alas comenzaron a moverse, y se dirigió al planeta Tierra que estaba abajo.

Cuando el ángel más pequeño aterrizó, miró a su alrededor. ¿Dónde estaba Belén? Era la puesta del sol y no veía a nadie. Pero a la distancia distinguió una aldea con casas hechas de adobe y piedra, así que se puso en marcha por el sendero de tierra que llevaba a ella.

En su camino, el ángel más pequeño escuchó un lastimoso sonido que venía de un olivo cercano. La mamá paloma estaba piando con tristeza desde lo alto de una rama. Debajo, su bebé, que había caído del nido, estaba tratando de volar pero sin éxito. Era demasiado pequeño. El ángel más pequeño recogió al pajarito.

"Pobrecito", dijo. El ángel más pequeño voló y puso al pichón suavemente en el nido. La madre se lo agradeció con todo su corazón. Una flor de estrellas cayó del cordón del ángel más pequeño y se posó en el lugar donde el palomo había caído. De pronto, una campana sonó en la noche invernal.

El ángel más pequeño llegó hasta una choza que tenía un solo cuarto y se asomó por la ventana. Ahí una joven madre miraba fatigada a su pequeño hijo, que dormía intranquilo en una cuna.

El ángel más pequeño pudo ver que la piel del niño estaba roja y húmeda, y que mechones de cabello caían sobre sus mejillas y frente. La madre mecía la cuna y lloraba en silencio.

El niño abrió sus febriles ojos y sonrió cuando el ángel más pequeño entró de puntillas. El ángel puso su fresca mano sobre la frente del niño, y la fiebre desapareció instantáneamente. Al poco rato el niño cerró los ojos y durmió profundamente.

Cuando el ángel más pequeño caminó hasta la puerta, unas cuantas flores cayeron de su cordón, y se oyó sonar una segunda campana. Ya había oscurecido, así que se fue de la aldea y continuó por el camino.

Al ángel más pequeño le dolían demasiado las alas como para volar. No tenía idea de adónde se dirigía, y estaba tan cansado que casi olvida para qué había ido a la Tierra.

También estaba perdido. ¿Dónde se hallaba Belén? El ángel más pequeño no parecía estar más cerca del final de su viaje que cuando comenzó, y ahora sólo le quedaba una flor. Esto lo inquietaba. "¿Qué pasará si pierdo ésta también?", pensó. "No tendré nada que darle a Jesús."

Para empeorar las cosas, el ángel más pequeño se golpeó el pie contra una piedra del camino. Saltó por todos lados, sosteniendo su pie lastimado. De repente, sobre él pasó volando un ejército de ángeles que cantaban: "¡Gloria a Dios en las alturas, y paz en la Tierra a los hombres de buena voluntad!"

"¡Oh, no!", exclamó el ángel más pequeño. "¡Ya es demasiado tarde!"

Poco después, el ángel más pequeño escuchó un balido en las cercanías. Entre unos arbustos, junto al camino, había un corderito con la pata delantera rota. Sintió lástima por el sufrimiento del animal y lo levantó en sus brazos.

"Ven conmigo a Belén", dijo el ángel, "¡bueno, si es que puedo encontrarlo!" La última flor se deslizó de su cordón sin que se diera cuenta y cayó en el camino de tierra. Una tercera campana sonó en la noche.

El ángel más pequeño llevó su lastimada carga por el camino, y cada vez le parecía más y más pesada. Sus brazos y piernas le dolían por la fatiga. En el momento en que pensó que se detendría a descansar, el ángel más pequeño vio una luz que brillaba a lo lejos. Al acercarse más, descubrió que parecía venir de un establo.

"Nos detendremos ahí", le susurró el ángel más pequeño al cordero, que se había quedado dormido en sus brazos.

Cuando el ángel y su corderito estaban muy cerca del establo, fueron recibidos por escenas y sonidos asombrosos.

En el lugar se habían reunido varias personas. La mayoría eran pobres y humildes, pero había tres hombres montados en camellos y vestidos con ropa muy elegante, que llevaban regalos costosos. La gente estaba extrañamente callada, pero de vez en cuando el ángel más pequeño escuchaba murmullos en lenguas extrañas.

Arriba, en la aterciopelada oscuridad, volaban ejércitos de ángeles dentro de un claro esplendor. Algunos cantaban himnos, mientras otros tocaban brillantes trompetas de bronce.

En lo alto brillaba una sola estrella, más fija y deslumbrante que cualquier otra que el ángel más pequeño hubiera visto.

El ángel más pequeño atravesó el iluminado portal del establo y se quedó tan asombrado por lo que vio, que casi se le cae el cordero.

Ahí, en la paja, estaba sentada una pálida pero hermosa joven que sostenía a un bebé recién nacido en sus brazos. Un hombre barbado que llevaba ropa sucia por el viaje los contemplaba. El ángel más pequeño se dio cuenta de inmediato que estaba en presencia de Jesús y sus padres, María y José. Colocó al cordero en la paja y buscó su última flor, ¡pero no la tenía!

María le sonrió cariñosamente al ángel más pequeño. "Sé lo que estás pensando", dijo dulcemente, "pero has traído un regalo mucho más grande: una criatura necesitada". El bebé Jesús se estiró, y con su mano regordeta, tocó la pierna rota del cordero. De inmediato el animal se levantó de un salto y brincó por todos lados.

"Y no sólo eso", agregó María. "Tus buenas acciones han hecho que la Campana del Amor repique tres veces esta noche. Por ello, pedí que nos visitaras cada año y trajeras esta música a la gente de buena voluntad."

El ángel más pequeño se llenó de regocijo. ¡Qué responsabilidad tan grande para alguien tan pequeño! Voló de regreso al cielo a toda velocidad.

Y cada Navidad, escucharás sonar esta campana mágica… es decir, ¡si has sido amable y bueno durante todo el año!

# LOS DOCE DÍAS DE Navidad

El primer día de Navidad
mi amor me regaló
un peral con una linda perdiz.

El segundo día de Navidad
  mi amor me regaló
dos tórtolas
y un peral con una linda perdiz.

El tercer día de Navidad
   mi amor me regaló
tres gallinitas,
dos tórtolas
y un peral con una linda perdiz.

El cuarto día de Navidad
mi amor me regaló
cuatro calandrias,
tres gallinitas,
dos tórtolas
y un peral con una linda perdiz.

El quinto día de Navidad
   mi amor me regaló
cinco anillos,
cuatro calandrias,
tres gallinitas,
dos tórtolas
y un peral con una linda perdiz.

El sexto día de Navidad
  mi amor me regaló
seis gansas con listones,
cinco anillos,
cuatro calandrias,
tres gallinitas,
dos tórtolas
y un peral con una linda perdiz.

El séptimo día de Navidad
mi amor me regaló
siete cisnes blancos,
seis gansas con listones,
cinco anillos,
cuatro calandrias,
tres gallinitas,
dos tórtolas
y un peral con una linda perdiz.

El octavo día de Navidad
   mi amor me regaló
ocho lecheras,
siete cisnes blancos,
seis gansas con listones,
cinco anillos,
cuatro calandrias,
tres gallinitas,
dos tórtolas
y un peral con una linda perdiz.

El noveno día de Navidad
  mi amor me regaló
nueve danzantes,
ocho lecheras,
siete cisnes blancos,
seis gansas con listones,
cinco anillos,
cuatro calandrias,
tres gallinitas,
dos tórtolas
y un peral con una linda perdiz.

El décimo día de Navidad
mi amor me regaló
diez saltarines,
nueve danzantes,
ocho lecheras,
siete cisnes blancos,
seis gansas con listones,
cinco anillos,
cuatro calandrias,
tres gallinitas,
dos tórtolas
y un peral con una linda perdiz.

El undécimo día de Navidad
mi amor me regaló
once flautistas,
diez saltarines,
nueve danzantes,
ocho lecheras,
siete cisnes blancos,
seis gansas con listones,
cinco anillos,
cuatro calandrias,
tres gallinitas,
dos tórtolas
y un peral con una linda perdiz.

El duodécimo día de Navidad
  mi amor me regaló
doce tamborileros,
once flautistas,
diez saltarines,
nueve danzantes,
ocho lecheras,
siete cisnes blancos,
seis gansas con listones,
cinco anillos,
cuatro calandrias,
tres gallinitas,
dos tórtolas

y un peral con una linda perdiz.

# EL *Oso* DE *Navidad*

Kate miraba caer la nieve por la ventana. "Peluchín", le dijo a su oso de juguete, "¿no estás emocionado? ¡Hoy es Nochebuena!"

Kate le dio a Peluchín un abrazo. "Imagínate, ¡hoy en la noche llega Santa Claus!"

La madre de Kate entró al cuarto. "Kate, ponte tu abrigo y tus botas. Necesitamos ir al pueblo por los regalos que nos faltan. Todavía no tenemos un regalo para el señor Noonan." Él era el anciano que vivía al otro lado de la calle.

Kate corrió a ponerse su chaqueta de invierno. "¿Puede venir Peluchín con nosotros?", preguntó.

"No veo por qué no", contestó su mamá.

"Mamá", dijo Kate, mientras ella y su madre salían a la nieve, "Peluchín también necesita un suéter y un gorro para este invierno".

Kate abrazaba con fuerza a Peluchín mientras seguía a su mamá por la tienda departamental. Después de que compraron una gruesa bufanda para el señor Noonan, pasaron frente al área donde estaban los juguetes.

"¿Mamá, podemos detenernos a mirar los juguetes?", preguntó Kate. "Quiero que Peluchín los vea."

Kate levantó a Peluchín para que mirara. Peluchín pensó que nunca antes había visto tantos juguetes increíbles en toda su vida.

Había hermosas muñecas, soldaditos muy altos y trenes de juguete pintados con colores brillantes. Había patines y trineos, casas y muebles para muñecas, y más animales de peluche que los que Peluchín hubiera podido imaginar. Vio conejos, elefantes, jirafas, perritos, gatitos… ¡hasta osos que se parecían un poco a él!

Kate le dijo: "Todos los juguetes de esta tienda son maravillosos, Peluchín, pero ninguno es tan especial como tú. ¡Has estado conmigo desde que me acuerdo! Todas las noches, cuando me voy a dormir, tú estás ahí. Y todas las mañanas, cuando despierto, tú sigues ahí." Abrazó a Peluchín. "¡Te quiero!"

Peluchín sonrió. Recordó cuando Kate tuvo sarampión. Primero le dio fiebre, y después le aparecieron puntos rojos en toda la cara. Pero él se abrazaba a ella de cualquier forma para hacerla sentir mejor.

Peluchín también recordó la fiesta de cumpleaños que Kate ofreció para él. Habían ido todas sus otras muñecas, pero el pastel de cumpleaños fue especialmente para él. "Qué oso tan afortunado soy", se dijo.

Después, Kate y Peluchín se formaron para hablar con Santa Claus. La fila avanzaba lentamente, conforme cada niño se sentaba en el regazo del anciano para susurrarle al oído. Finalmente, llegó el turno de Kate. Puso a Peluchín en el piso y se subió en las piernas de Santa Claus.

Kate le contó sobre su familia. Le dijo lo bien que la pasaban cada año haciendo galletas de Navidad y decorando su árbol. Le advirtió que buscara el plato con galletas y el vaso de leche que planeaba dejar para él esa noche.

Santa Claus le preguntó: "¿Qué te gustaría esta Navidad, Kate?"

Kate sonrió y dijo: "Me gustarían un suéter rojo y un gorro nuevos para mi mejor amigo, mi oso Peluchín."

Cuando Kate terminó de hablar con Santa Claus, regresó corriendo con su madre. "¡Mamá, mamá, adivina lo que le dije a Santa!" Estaba tan emocionada contándole a su mamá lo que había pasado que no se dio cuenta de que había olvidado a Peluchín en el suelo.

Kate y su madre regresaron a casa. Se estaba haciendo tarde, y todas las tiendas estaban cerrando. Pero cuando entraron a la casa, Kate gritó: "¿Dónde está Peluchín?"

"¿No lo traes tú?", le preguntó su mamá.

"¡Oh, no!", dijo Kate. "¿Lo dejamos en la tienda?"

Era demasiado tarde para regresar y tratar de encontrar al pobre Peluchín. A Kate se le rompió el corazón. "¡No puedo perder a Peluchín!", comenzó a llorar.

En el mismo momento en que Kate estaba sollozando por su oso perdido, el pobre Peluchín también se sentía bastante triste sentado en el piso de la tienda departamental. Estaba solo y perdido. ¿Qué podría hacer? Una lágrima rodó por su mejilla.

Entonces escuchó una voz detrás de él. "¿Qué te pasa, osito?" Peluchín volteó y vio un alto soldado de juguete hecho de madera.

Peluchín le contó lo que le había sucedido. El soldado dijo: "Vamos a preguntar a los demás juguetes qué debes hacer."

Cuando llegaron al departamento de juguetes, Peluchín les contó a los demás juguetes cómo se había perdido. El elefante púrpura con lunares tuvo una idea. "Ya sé", exclamó. "Debes salir de la tienda y esperar a que Santa Claus pase esta noche en su trineo. Seguramente te ayudará."

Peluchín preguntó: "¿Qué es todo esto de Santa Claus y la Navidad? En verdad no entiendo." Peluchín era un oso joven, y no sabía mucho sobre el mundo.

Una hermosa muñequita le explicó: "Oh, la Navidad es maravillosa", dijo. "En la mañana de Navidad, los niños de todas partes despiertan y encuentran lindos juguetes bajo el árbol de Navidad."

"¿Cómo llegan los juguetes ahí?", preguntó Peluchín.

"Oso ingenuo", rió un conejo azul. "¿Acaso no sabes que Santa Claus los lleva?"

"¿Y Santa Claus vendrá al pueblo esta noche?", preguntó Peluchín.

"Sí", contestó el elefante. "Por eso debes esperar afuera. Él te encontrará ahí."

Ya era de noche. Peluchín abrió la puerta principal y salió valientemente a la oscuridad a esperar a Santa Claus y su trineo.

Peluchín se sentó en la nieve. Hacía mucho frío. Esperó y esperó. Estaba seguro de que nunca vería a Santa Claus.

Pero, precisamente cuando estaba a punto de perder las esperanzas, Peluchín escuchó un débil cascabeleo a lo lejos. Volvió a mirar y, ahora estaba seguro, ¡el trineo de Santa Claus se acercaba rápidamente hacia él! Iba tirado por renos, con Rodolfo, el de la nariz roja, al frente.

Cuando Santa Claus vio a Peluchín, lo levantó y gritó: "¡Peluchín! ¡Qué bueno que te encontré! Ya tengo el suéter rojo y el gorro nuevos para ti… ¡justo los que Kate me pidió!"

JUGUETES
CERRADO

A la mañana siguiente, Kate despertó y trató de abrazar a Peluchín. ¡Pero el oso no estaba ahí!

Entonces recordó todo. Peluchín estaba perdido. Y hoy era Navidad. Santa Claus probablemente había dejado un lindo suéter rojo y un gorro. Pero ahora ya no había ningún osito marrón que los usara.

En ese momento, entraron su mamá y su papá. "¡Feliz Navidad, cariño!" , exclamó su mamá.

"Peluchín no está aquí", dijo Kate con tristeza.

"Cariño, ¿por qué no bajas a ver qué hay debajo del árbol?", le sugirió su papá.

Kate se puso bata y pantuflas y bajó corriendo las escaleras. ¡Y ahí, debajo del árbol de Navidad, estaba Peluchín, vestido con un brillante suéter rojo y un gorro tejido! Kate lo levantó y lo abrazó con todas sus fuerzas.

Llena de alegría, Kate exclamó: "¡Oh, Peluchín, estoy muy feliz de verte! ¡Y mira tu suéter y gorro nuevos!"

Peluchín sonrió. ¡Era maravilloso estar de nuevo en casa! Se sentía orgulloso de usar ropa nueva tan elegante, ¡y especialmente feliz de ser el oso de Navidad de Kate!

"¡Jamás volveré a perderte!", prometió Kate, y eso hizo sonreír a Peluchín aún más.

¡Era la mejor Navidad de todas!

# SUCEDIÓ UNA *Nochebuena*

Sucedió una Nochebuena,
cuando todos dormían,
la casa estaba serena…
ni un ratón se movía.
Las calcetas ya colgadas
en la chimenea con primor,
esperando la llegada
del alegre Santa Claus.
Los niños bien arropados
y dormidos en sus camas,
soñaban con golosinas
y regalos esperaban.

Mamá con su suave chal
y yo con mi gorro tibio,
para una siesta invernal
estábamos más que listos.
Cuando de pronto escuché
un alboroto en el prado
y de un salto me levanté
para echar un vistazo.
Corriendo hasta la ventana
me dirigí como un rayo,
hice a un lado la cortina
para asomarme hacia el prado.

La luna, en el corazón
de la suave nevada,
daba un brillo de ilusión
a los techos de las casas.
Cuando, para mi asombro,
apareció por el cielo
un trineo miniatura
y ocho diminutos renos.
Conducía un viejecito
tan vivaracho y veloz
que imaginé de inmediato
¡que sería Santa Claus!

Veloces, como águilas,
venían los alegres renos;
él silbaba y los llamaba
y así pude conocerlos:
"¡Hacia arriba, Danzarín!
¡Más alto, mi fiel Destello!
¡Relámpago y Gambito,
vayan juntos con Lucero!
¡Estrella y Cometa veloz,
vamos pronto por el mundo
en esta noche especial,
que nos rindan los minutos!"

Como hojas del otoño
que vuelan con el viento
y aunque algo impida su paso
llegan pronto hasta el cielo,
igual volaban los renos,
cargando a Santa Claus
además de los juguetes
en ese trineo veloz.
De pronto, en un parpadear,
unos ruidos en el techo,
pataditas y pisadas
de unos cascos muy pequeños.

Ya me lo imaginaba
y luego vi sin sorpresa
que San Nicolás bajaba
ágil por la chimenea.
Vestido todo de rojo
con blancas y hermosas pieles,
sacudiendo la ceniza
y cargando los juguetes
en una bolsa grandiosa
que traía sobre su espalda.
¡Parecía tan divertido
como si no se cansara!

¡Cómo brillaban sus ojos
de pura felicidad!
Y en sus mejillas hoyuelos
de la risa que le da.
Su blanca barba de nieve
se mueve cuando se ríe
y su nariz de cereza
hará que nunca lo olvide.

Entre los dientes llevaba
una pipa singular
y el humo a su cabeza
parecía coronar.
Sus mejillas de manzana
y su pancita redonda
que temblaba si reía,
cual gelatina sabrosa.
Simpático y gordito
como un viejo duende alegre...
Se me escapó la risa
y ya no pude esconderme.

Volvió su cabeza hacia mí
y cuando me guiñó un ojo,
comprendí con alegría
que no había ningún enojo.
No dijo ni una palabra,
pero volvió a su trabajo,
llenó todas las calcetas
con juguetes y regalos.
Tapó su nariz con dos dedos
y un gran impulso tomó,
luego inclinó la cabeza
y por la chimenea salió.

Saltó a su trineo silbando,
sus renos le obedecieron:
muy lejos todos volaron,
cual hojas que lleva el viento.
Pero antes de perderse
lejos en el horizonte,
gritó: "¡Feliz Navidad
a todos y buenas noches!"

# EL Cascanueces

Era Nochebuena… ¡al fin! Todas las nochebuenas, después de cenar, María y su hermano Fritz abrían sus regalos. Aunque María y Fritz vivían en la Alemania de hace mucho tiempo, también celebraban este día especial intercambiando regalos.

Esa noche, el árbol de Navidad de la sala se veía más grande y hermoso que otras veces. María y Fritz recibieron maravillosos regalos. Les dieron muñecas, soldaditos de juguete y libros con ilustraciones.

Pero el regalo favorito de María fue el que le dio su abuelo, el doctor Drosselmeier. Era un cascanueces de madera con la forma de un viejo soldado. No se parecía a ningún otro cascanueces que María hubiera visto antes. Sin embargo, ¡lo que María no sabía era que el cascanueces estaba encantado!

Cuando María y Fritz terminaron de abrir sus regalos, comenzó otra celebración: una divertida fiesta de Navidad para sus primos y amigos. Todos jugaron con las muñecas y los soldados de juguete, y comieron todo tipo de golosinas y galletas.

Entonces el doctor Drosselmeier dijo: "Esperen aquí, niños. Tengo una sorpresa especial para su fiesta." Antes de que los niños pudieran adivinar cuál sería, el abuelo apareció con dos marionetas y un pequeño escenario.

Las dos marionetas bailaban, brincaban muy alto y daban volteretas, mientras los niños miraban, reían y aplaudían. María tuvo en sus brazos su regalo favorito, el cascanueces, durante todo el espectáculo de marionetas.

Cuando terminó el espectáculo, Fritz empezó a imitar a las marionetas. Tomó al cascanueces de María y saltó, sosteniéndolo en alto. Pero el niño no podía bailar tan bien como las marionetas. Se tropezó, y el cascanueces voló por el cuarto, cayendo junto al árbol de Navidad.

Cuando María corrió a recoger su regalo favorito, vio que su mandíbula de madera se había roto. "¡Oh, no!", gritó. "Déjame arreglarte, pobre cascanueces." Con cuidado unió de nuevo al cascanueces con su pañuelo y lo puso bajo el árbol de Navidad.

Más tarde, su madre dijo: "Es hora de ir a la cama." Todos los invitados se habían ido, y ya era hora de apagar las luces y subir las escaleras.

La casa estaba en silencio, pero María no podía dormir. Pensaba en el cascanueces que estaba bajo el árbol de Navidad.

Bajó las escaleras de puntillas. Cuando abrió la puerta de la sala, se sorprendió al ver que el árbol de Navidad estaba encendido otra vez. Recogió al cascanueces, pero se veía más grande que cuando lo había dejado bajo el árbol. ¡Y su mandíbula ya no estaba rota!

El cascanueces parecía estar creciendo. Conforme se hacía más grande, su cara de madera iba cambiando lentamente. Ante los ojos de María, el cascanueces se convirtió en un apuesto príncipe. El príncipe le hizo una reverencia a María y le dio las gracias porque su acto de amabilidad había roto el hechizo bajo el cual se encontraba.

En ese momento, María escuchó rasguños y arañazos, junto con parloteos y chirridos. Levantó la cabeza y vio el cuarto lleno de enormes ratones grises. "¿Qué hacen estos ratones aquí?", se preguntó María.

Al frente de los ratones se encontraba el Rey Ratón, que tenía siete cabezas y llevaba una espada. Justo cuando el príncipe saltó frente a María para protegerla, escucharon el sonido de una trompeta y un tambor.

De la caja del regalo de Fritz, que estaba bajo el árbol de Navidad, salió toda una tropa de soldados de juguete que crecieron a tamaño real en cuanto dejaron su caja. Los soldados, dirigidos por el príncipe, comenzaron una gran batalla contra el Rey Ratón y su ejército de ratones grises.

¡Qué gran batalla! Ambos ejércitos avanzaban y retrocedían peleando. María empezó a temer que los ratones ganaran. El príncipe y los soldados de juguete parecían estar cansados.

Pero en ese momento, María vio la oportunidad de ayudar. Se quitó su sandalia y la arrojó con todas sus fuerzas contra el Rey Ratón. ¡Al suelo fue a dar! La batalla terminó. Tan rápido como había llegado, el ejército de ratones grises desapareció.

Ahora el príncipe estaba completamente libre del hechizo. Podría regresar a casa y a su reino. "¿Vendrías conmigo?", le preguntó a María. "¡Oh, sí!", contestó la niña.

El príncipe llevó a María hasta el árbol de Navidad, que parecía haber crecido más. Levantó sus brazos, y de pronto, el príncipe y la niña ya no estaban en la sala de María. Se encontraban en el reino del príncipe Cascanueces y alrededor de ellos había hermosas hadas bailarinas.

"Bienvenida a la Tierra de las Golosinas", dijo el príncipe. María vio cosas que nunca hubiera soñado. Aquí, las casas estaban hechas de chocolate y bastones de menta. Había un río de limonada, y un lago de azúcar y leche de almendras.

María y el príncipe viajaron por el río de limonada, pasando por árboles de paleta y flores de dulce. Navegaban en una barca con forma de concha.

Por último, llegaron a un brillante castillo hecho completamente de algodón de azúcar. Era el palacio del hada Ciruela de Almíbar, quien salió a recibirlos.

El príncipe dijo: "María, con su amabilidad, me ha librado del hechizo. En la batalla contra el Rey Ratón, en el momento justo, lo atacó con su sandalia y me salvó."

Cuando el hada Ciruela de Almíbar escuchó esto, invitó a María y al príncipe a sentarse en su trono real. Ofreció una gran fiesta para celebrar. ¡Todos en la Tierra de las Golosinas vinieron! Cuando una música tintineante llenó el salón, el hada Ciruela de Almíbar bailó con gracia encantadora. Enseguida pasó un desfile de bailarines: bailarines chinos, bailarines árabes que daban vueltas, bailarines rusos que saltaban y giraban.

¡María nunca había visto algo así! Había bailarines de chocolate y bailarines de merengue, y hasta payasos bailarines. Justo cuando María ya no podía imaginar nada más grandioso, se vio rodeada por flores encantadas.

Había hermosas flores por todas partes: botones de oro y narcisos, rosas y tulipanes. Parecían flotar mientras bailaban dando vueltas y vueltas por el gran salón de baile.

Todos se unieron al baile. María estaba un poco temerosa de bailar. Entonces el príncipe Cascanueces se acercó y le dijo: "Todo este baile es para ti. Tú también debes bailar. Ven conmigo." María y el príncipe dieron vueltas y vueltas y vueltas…

…hasta que María estuvo tan mareada que ya no supo dónde se encontraba. Se frotó los ojos y se sentó. ¡Estaba debajo de su propio árbol de Navidad! En su propia casa. Y junto a ella se hallaba el cascanueces.

¿Dónde estaba el príncipe? ¿Y los bailarines? ¿Y el hada Ciruela de Almíbar? Oh, ¿acaso todo había sido un sueño?

# Santa Claus

## VIENE AL PUEBLO

Santa Claus estaba sentado en su escritorio, revisando sus listas de niños. La mayoría habían sido buenos todo el año, pero había algunos que le preocupaban… especialmente Sam y Mike. "Bien", dijo Santa Claus a su mejor ayudante, el duende Cornelio, "¿cuáles son las últimas noticias sobre Sam y Mike?"

"Bueno", dijo Cornelio, "se esfuerzan por ser buenos. Pero parece que les cuesta trabajo. Se meten en problemas con gran facilidad".

"Sólo faltan cuatro días para mi gran viaje", dijo Santa Claus. "Debemos tomar una decisión acerca de ellos pronto."

"Yo los estaré vigilando", dijo Cornelio. "Te diré cómo van las cosas."

MAL
PORTADOS
BIEN
PORTADOS

Sam y Mike, los hermanos de quienes Santa Claus y Cornelio habían estado hablando, corrieron a la cocina. "Faltan cuatro días para Navidad", exclamó Mike.

"¡No es así!", dijo Sam. "¡Sólo faltan tres días!"

"¡Son cuatro!", gritó Mike.

"¡No, tres!", gritó Sam.

"¡Niños!", intervino su madre. "¿Tienen que discutir por todo?"

"Bueno, yo tengo razón…", comenzó a decir Mike.

"Por primera vez", rió ella, "ambos tienen razón. Faltan cuatro días para Navidad, si empiezan a contar desde hoy. Si hoy no cuenta, entonces faltan tres".

Sam y Mike fueron a la sala, donde su hermana mayor, Katie, estaba jugando. "Yo sigo diciendo que faltan cuatro días para Navidad", dijo Mike. "¿Verdad, Katie?"

"No, faltan tres, ¿verdad?", preguntó Sam.

"Ustedes dos siempre están discutiendo", contestó Katie. "¿Acaso no saben lo que les pasa a los niños que pelean todo el tiempo?"

"¿Qué?", preguntaron Sam y Mike.

"Bueno, en tres—o cuatro—días, vendrá Santa Claus. Y él sabe todo sobre ustedes dos."

"¿A qué te refieres?", preguntó Sam.

"Él sabe si se han portado bien o mal. ¡Así que más les vale tener cuidado!"

"¡Chispas!", exclamó Mike. "Tal vez deberíamos tener cuidado. De acuerdo, no más peleas. Vamos a los trineos." Sam y Mike se pusieron sus abrigos y botas.

"¡El último en salir es un…! Cielos, lo olvidé", dijo Sam.

Caminando por la calle, pasaron frente al patio del señor Paulson. "Esa es la mejor colina para deslizarse", dijo Mike. "¡Hay que entrar ahí para lanzarnos!"

"El señor Paulson dijo que no quería que nadie entrara a su patio", contestó Sam. "Pero no debe importarle si sólo lo hacemos esta vez."

Justo cuando se estaban impulsando, asomó por la ventana.

"¿Qué les dije, niños?", gritó desde su puerta, levantando su puño.

Mientras tanto, Santa Claus decidió ver cómo iban las cosas en su taller. Los duendes estaban trabajando muy duro. "Cornelio", gritó Santa Claus, "¿qué noticias me tienes de esos dos traviesos, Mike y Sam?"

Cornelio sacudió la cabeza y le contó sobre la pelea de los niños. También le dijo que se habían metido con sus trineos en el patio del señor Paulson. "Esos niños", dijo Santa Claus con tristeza. "En verdad les cuesta trabajo portarse bien." Miró el taller y preguntó: "¿Qué es lo que quieren para Navidad?"

Cornelio y otro duende levantaron dos juguetes. "Mike quiere un tren de juguete como éste, y Sam unos patines para hielo", dijo Cornelio.

"Bueno, espero poder llevárselos", dijo Santa Claus.

Casi en ese mismo momento, Sam y Mike iban rumbo al parque. "Tal vez podamos hacer algo divertido ahí, sin meternos en problemas", dijo Mike.

En el parque encontraron dos grupos de niños que hacían fuertes de nieve. Los niños habían formado equipos para ver cuál podía hacer el mejor fuerte de nieve y el más grande. Después tendrían una guerra de bolas de nieve.

"Déjennos ayudarles", dijeron Mike y Sam.

"Claro, vengan", dijo Charlie, uno de los niños más grandes. Entonces, Sam vio a un niño pequeño sentado junto a un árbol, lejos de los demás. Al parecer, había estado llorando.

Mike le preguntó a Charlie: "¿Qué le pasa a Joey?"

"Oh, Joey quería estar en uno de nuestros equipos", contestó Charlie, "pero es demasiado pequeño". Sam y Mike pensaron al respecto y decidieron que no estaban de acuerdo.

"¡Oye, Joey!", gritó Sam. "Mike y yo necesitamos alguien de tu tamaño para alcanzar los sitios más difíciles."

Los tres se pusieron a trabajar. Al poco rato, su fuerte era tan grande como los de los demás. Entonces, Sam y Mike levantaron a Joey para acomodar la nieve hasta arriba, ¡y su fuerte llegó aún más alto!

"Joey", dijo Charlie, "¿podrías ayudar a nuestro equipo un momento? También necesitamos llegar más alto". Con una gran sonrisa, Joey corrió a ayudar al equipo de Charlie.

Unos días después, en el Polo Norte, Santa Claus se estaba preparando para su viaje. El momento finalmente había llegado: ¡era Nochebuena! Santa Claus ya había enganchado sus renos. "Cornelio", dijo, "¿cuáles son las últimas noticias sobre Sam y Mike? Estoy listo para empacar sus patines y su tren".

"Buenas noticias, Santa", dijo Cornelio. Entonces le contó cómo Sam y Mike habían pedido a Joey que los ayudara a construir su fuerte de nieve, cuando ninguno de los otros niños había querido dejar jugar al pequeño.

A Santa Claus se le dibujó la sonrisa más grande del día. "¡Sabía que eran buenos chicos!", exclamó. "Sam y Mike hicieron lo más importante de todo: fueron amables con otra persona. Eso es lo que realmente cuenta."

Mientras Santa comenzaba su viaje, con el trineo cargado de juguetes, Sam y Mike se estaban preparando para dormir. Ya habían colgado sus calcetas en la chimenea. Habían dejado galletas y leche por si Santa tenía hambre.

Ya que estaban metidos en la cama, Mike susurró: "¡Oye, Sam, cuidado!" En ese momento, lanzó su almohada, que aterrizó en la cabeza de Sam.

Con un chillido, Sam gritó: "¡Te atraparé!" Y le lanzó su almohada a Mike. Pero luego pensó: "*Alguien* sabe si me estoy portando bien o mal."

En ese momento, Mike recordó que *alguien* sabía cuando estaba dormido y cuando estaba despierto.

Mike solamente susurró: “Buenas noches, Sam, ¡y feliz Navidad!” El cuarto quedó en silencio mientras cerraban los ojos.

Más tarde esa noche, mientras Sam y Mike dormían, un sonriente Santa Claus puso el pequeño tren de juguete y unos brillantes patines de hielo bajo el árbol. Si hubieran estado despiertos, habrían escuchado a un alegre Santa decir: “¡Bien hecho, Mike y Sam! ¡Por fin se portaron bien!”

# EL *Duendecillo*

Eran unos cuantos días antes de Navidad. Todos los duendes de Santa Claus estaban trabajando duro. Cornelio, el duende encargado del taller de Santa, daba órdenes a los trabajadores.

Algunos duendes estaban ocupados en sus mesas, haciendo muñecas de todo tipo. También cosían hermosos vestidos para las muñecas.

Otro grupo elaboraba los trenes más rápidos. Otros más se sentían orgullosos de sus patines y trineos.

"Necesitamos más pintura dorada para nuestras locomotoras", anunció un duende.

"Y a nosotros se nos está acabando la alfombra para estas casas de muñecas", dijo otro.

El taller de Santa era un lugar con mucho, mucho ajetreo.

Sin embargo, uno de los duendes de Santa—un duendecillo llamado Casey—no estaba asignado a ninguna de las mesas de trabajo del taller.

Por años, Casey había tratado de demostrar que él también podía hacer hermosos juguetes. Pero cada vez que lo intentaba, las cosas le salían mal.

"Déjenme pintar la cara de esa muñeca", rogaba. Pero cuando lo hacía, se salpicaba todo de pintura. Y también cualquier cosa que estuviera cerca.

"Yo puedo hacer esa casa de muñecas", decía. Pero no lograba que ninguno de los clavos entrara derecho.

Todos querían a Casey. Pero, como Cornelio decía: "¡Ese duendecillo jamás podrá hacer juguetes!"

Cada año, después de que Santa Claus les llevaba juguetes a todos los niños, regresaba a su taller a dar las gracias a los duendes. Todos se reunían a su alrededor a escuchar cómo Rodolfo había iluminado el camino del trineo de Santa.

Cornelio decía: "¿Recuerdan cuando Tracy recibió ese bebé de juguete tan especial que quería?"

"¿Y recuerdan cuánto le gustó a Lamar ese tren que hicimos?", comentaba Winky, otro duende.

"Lisa aprendió a patinar en hielo con los patines de figura que le hicimos", agregaba el duende Joey.

"Gracias a ustedes, muchos niños son felices este año", les decía Santa Claus sonriendo. Los duendes aplaudían alegres. Era el momento de la Navidad en que Cornelio y sus trabajadores se sentían más orgullosos.

En este día antes de la Nochebuena, mientras los duendes trabajaban cada vez más rápido, la puerta del taller se abrió de repente. ¡Y quién más podría aparecer ahí, sino Santa Claus!

"¿Cómo van las cosas?", le preguntó a Cornelio.

"Hacemos nuestro mejor esfuerzo, Santa", contestó el duende. "Trabajaremos hasta tarde esta noche, si es necesario. Prometo que no quedará ni un solo juguete sin terminar."

Santa Claus miró el montón de papeles que traía en la mano. "Estas son las últimas cartas que me enviaron los niños", le dijo a Cornelio. "Asegúrate de no olvidar a nadie."

Santa Claus leyó las cartas, mostrándole cada una a Cornelio. Ambos las revisaron para asegurarse de que todos los juguetes estuvieran listos para la noche siguiente, Nochebuena.

Querido
Santa Claus

Después de que Santa se fue, Cornelio pasó de mesa en mesa a dar órdenes de último momento para los juguetes. Casey lo siguió por todo el taller.

"Vamos a necesitar otro de esos trenes con grandes locomotoras", le dijo al duende encargado de hacer los trenes de juguete.

"¡Oh, por favor déjame hacer ese tren!", le suplicó Casey a Cornelio, tirando de su manga.

Pero Cornelio únicamente sonrió y le dio palmaditas en la cabeza. "Me encantaría dejarte intentarlo, Casey, pero no tenemos tiempo. Tal vez el año que entra."

Casey suspiró. ¿Por qué nunca lo dejaban hacer algo importante? Fue y se sentó en uno de los vagones de juguete. "No es justo", se dijo.

Todos los duendes trabajaron hasta muy tarde esa noche. Cornelio caminaba por el taller. "¿Está listo el trineo para Edi?", preguntó.

"Casi listo", gritó un duende que estaba ocupado poniendo la capa final de pintura roja al trineo.

"¿Qué me dicen de la casa de muñecas para Clarissa?"

"Justo ahora le estoy clavando el techo", respondió otro duende.

Cornelio pasó junto a un grupo de trabajadores que hacían animales de peluche. "Recuerden que Tina quiere que su oso sea suave y lindo", les advirtió.

Casey ayudaba a los demás duendes yendo por más pintura azul y amarilla, y recogiendo los clavos que se caían. ¡Pero cómo deseaba poder hacer un juguete él solo!

Finalmente, cuando el reloj marcaba la medianoche, los cansados duendes terminaron el último juguete. "Mañana", dijo Cornelio, "sólo tendremos que ayudar a Santa a cargar su trineo". El día siguiente era Nochebuena.

Mientras los duendes salían del taller de Santa Claus, Casey volteó a ver por última vez los maravillosos juguetes que los duendes habían hecho.

¿Pero qué era esa hoja de papel que estaba debajo del escritorio de Cornelio? Casey entró corriendo al taller y la levantó del piso. "¡Oh, no!", exclamó después de leerla. ¡Los duendes habían olvidado el último juguete!

La hoja de papel era la carta de la pequeña Mati, que quería ser bailarina de grande. Le pedía a Santa Claus que le llevara una bailarina en Navidad.

¿Qué podría a hacer Casey? Ya los demás duendes estaban en la cama, y era demasiado tarde para pedirles que regresaran a trabajar. ¡Pero la pobre Mati se sentiría muy triste el día de Navidad!

Casey se sentó en uno de los vagones de juguete a pensar. De repente tuvo una idea. ¡Él mismo haría la bailarina!

Ya decidido, Casey reunió todos los materiales que iba a necesitar. Trabajó toda la noche, mientras los demás duendes dormían. Cortó y lijó. Pintó y cosió.

Justo cuando el sol de la mañana iluminaba las ventanas del taller, Casey levantó su muñeca terminada. ¡Había hecho una hermosa bailarina con cabello oscuro, ojos brillantes, un vestido rosa y zapatillas de ballet de color rosa! Ahora estaba lista para ponerla en el trineo de Santa.

Como siempre, cuando Santa Claus terminaba su largo viaje de Navidad en trineo, regresaba a su taller. Ya había entregado los juguetes a los niños de todo el mundo. Ahora quería darles las gracias a los duendes que tanto habían trabajado.

Sin embargo, esta vez, Santa Claus dijo: "Quiero agradecer a un duendecillo en particular. Gracias a él, ningún niño se quedó triste en la mañana de Navidad. Este duende permaneció despierto toda la noche para asegurarse de que no faltara ningún juguete."

"Por su ayuda", dijo Santa, "tengo un premio especial para un duende especial: ¡Casey!" Al decir eso, puso una medalla en el chaleco del duendecillo. La medalla decía: "DUENDE NAVIDEÑO DEL AÑO."

Duende
navideño
del año

Casey fue el duendecillo más feliz en la Tierra de Santa Claus ese año. Levantaba orgulloso el pecho mostrando la medalla en su chaleco.

"El año próximo", dijo Cornelio, "Casey estará a cargo de hacer todas nuestras bailarinas".

Lo mejor de todo fue que Mati y su bailarina ¡tuvieron la Navidad más especial de todas!

# EL *Árbol* DE *Navidad*

Juanita dijo: "Imagínense. ¡Mañana es Nochebuena!" Ella, Mateo y Susi estaban emocionados. Ese día iban a ir con su padre a comprar el árbol de Navidad.

"Ya sé qué tipo de árbol debemos tener", dijo Juanita. "Un árbol tan alto que llegue al techo. Eso estaría perfecto."

"No", dijo Mateo. "Nuestro árbol debe ser grande y gordo. Eso es lo más importante de todo."

"Lo que yo opino", dijo Susi, "¡es que debe ser el árbol más especial de todos!"

Su madre sonrió. "Tienes razón en eso, Susi", dijo. "Todos queremos que sea el árbol más especial de todos."

Entonces su padre dijo: "¡Bueno, vámonos!" Juanita, Mateo y Susi corrieron a ponerse sus abrigos y guantes, para protegerse del viento invernal. Era un largo camino hasta el lote de árboles de Navidad.

"Miren ese escaparate", dijo Juanita cuando llegaron al pueblo. "Hay una juguetería con duendes haciendo juguetes."

"¡Y miren a Rodolfo y los demás renos en ese otro!", exclamó Mateo.

Susi también los vio, pero tenía otras cosas en mente. Estaba buscando el lote de árboles de Navidad. Parecía que nunca iban a llegar ahí. Pero su papá finalmente dijo: "Bien, ya llegamos." Susi fue la primera en correr hasta la reja.

ZAPATOS
FINOS
Gifts

Juanita rápidamente vio el árbol que quería. Escogió un pino muy alto y delgado. "Este es", dijo.

Pero Mateo dijo: "Aquí hay uno mejor." Señaló un árbol gordo, bajo y lleno de ramas.

Ninguno de los árboles de Navidad le parecía adecuado a Susi. Entonces, en una esquina del lote, vio un pequeño árbol ralo que parecía decir: "Por favor, llévame. Quiero ser tu árbol."

"Este es el que yo quiero", dijo Susi. Los demás se acercaron.

Primero se rieron al ver el arbolito, pero finalmente, su papá dijo: "Muy bien, si insistes, será éste."

Árboles de Navidad

Cuando llegaron a casa, su mamá se sorprendió al ver un árbol tan pequeño. "Susi insistió", dijo su esposo con una sonrisa, "así que aquí está".

En ese momento llegaron el abuelo y la abuela. "Ahora podremos decorar el árbol juntos", dijo Mateo.

Juanita hizo una sarta de cuentas que había estado guardando. La colgó alrededor de las ramas del árbol. Mateo colocó un soldado de juguete que había hecho en la escuela. Y Susi puso un ángel en la punta.

La abuela dijo: "Su árbol es un poco chico, pero lo han hecho lucir hermoso. Veo por qué les gusta tanto. También creo que es un árbol muy especial."

La noche siguiente, Nochebuena, todos se reunieron alrededor del árbol y cantaron:

*¡Qué verdes son tus hojas, oh,*
*mi árbol navideño!*
*¡Qué verdes son tus hojas, oh,*
*mi árbol navideño!*
*En el verano verde estás*
*y en el invierno lucirás.*
*¡Qué verdes son tus hojas, oh,*
*mi árbol navideño!*

Mientras cantaban, justo ante sus ojos, el pequeño árbol se volvía más y más hermoso. Las luces resplandecían en cada rama y sus focos brillantes centellaban. El arbolito parecía decir: "¡Miren qué hermoso soy, y qué feliz me siento de ser su árbol de Navidad!"

¡La mañana siguiente era Navidad! Cuando la familia se levantó, el pequeño árbol lucía más hermoso que nunca.

Santa Claus había llenado todas sus calcetas y había dejado juguetes debajo del árbol. "¡Oh!", exclamó Juanita. "Miren esta casa de muñecas. ¡Hasta tiene muebles adentro!"

Mateo dijo: "¡Esta locomotora es grandiosa! ¡Me muero de ganas de probarla!"

Y Susi dijo: "¡Qué muñeca tan bonita me trajo Santa! Creo que la llamaré Sandy."

Al ver a los niños felices, el pequeño árbol parecía sonreír y decir: "Me siento orgulloso de ser su árbol de Navidad especial."

Una semana después de Navidad, la abuela y el abuelo se fueron. Entonces mamá dijo: "Es momento de quitar el árbol de Navidad."

"Ya sé", dijo Susi. "Plantemos nuestro árbol en el jardín. Así siempre lo tendremos. Y tal vez crezca."

Pero Juanita y Mateo se rieron. "No puedes plantar un árbol de Navidad en un jardín, tonta", dijo Juanita.

"¿Podríamos intentarlo, por favor?", rogó Susi.

"De acuerdo", dijo su papá. "Sé cuánto quieren a nuestro pequeño árbol especial. Lo intentaremos. Pero no esperen que funcione."

Y así, su papá cavó un hoyo y todos realizaron una pequeña ceremonia de plantación del árbol.

Todo el invierno, Susi estuvo vigilando el arbolito. Día tras día, se asomaba por la ventana para ver si aún estaba de pie en la nieve.

Primero, Juanita y Mateo se reían cuando veían a Susi en la ventana. "¿Acaso no sabe que no se puede plantar un árbol de Navidad?", le susurraba Mateo a Juanita.

Pero al poco tiempo, Mateo y Juanita comenzaron a mirar por la ventana junto con Susi.

"Primero pensé que tu idea era tonta", dijo Juanita. "Pero quizá realmente funcione."

"Sé que funcionará", dijo Susi. "Creo que nuestro arbolito nos quiere tanto como nosotros a él."

Finalmente llegó la primavera. En los primeros días de calor, Juanita, Mateo y Susi salieron de la casa. Susi corrió a ver su pequeño árbol.

Gritó: "¡Juanita, Mateo, vengan!" Sus hermanos llegaron corriendo. Ahora estaban seguros, al árbol le estaban creciendo nuevas ramas verdes y brillantes.

"¡Les *dije* que nuestro árbol de Navidad era especial!", exclamó Susi. "*Sabía* que seguiría aquí con nosotros en la primavera."

En ese momento, Juanita, Mateo y Susi formaron un círculo alrededor del arbolito y comenzaron a bailar alrededor, cantando: "*¡Qué verdes son tus hojas, oh, mi árbol navideño!*"

El arbolito mecía sus nuevas ramas con el cálido viento de primavera. Parecía sonreír y decir: "Gracias por ser tan amables conmigo. Ahora cada vez que me vean, podrán recordar la Navidad. ¡Será como tener el espíritu navideño en su jardín todos los días del año!"

# EL *Zapatero* Y LOS *Duendes*

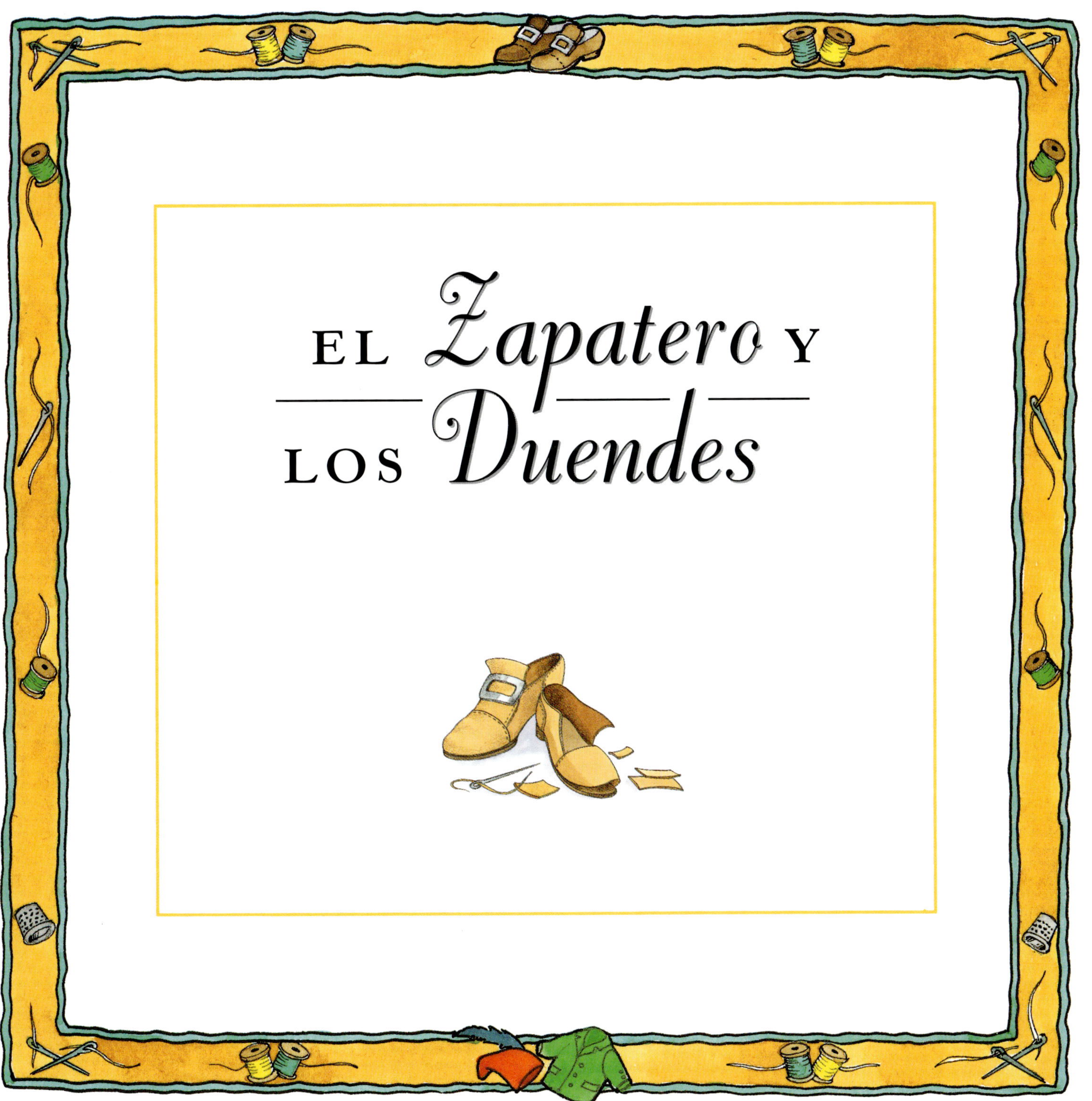

Había una vez, hace mucho tiempo, un zapatero. Era un hombre honesto que trabajaba muy duro. Pero sin importar cuánto se esforzara, cada vez era más y más pobre. Un día, no le quedaba nada más que un pequeño trozo de piel… justo la suficiente para un par de zapatos más.

Esa noche, antes de ir a la cama, cortó la piel en piezas. Las utilizaría al día siguiente para hacer su último par de zapatos. Colocó las piezas con cuidado sobre su mesa de trabajo.

"Mañana despertaré temprano y estaré listo para hacer mis zapatos", dijo. Después, él y su esposa salieron de la tienda y fueron a casa a tomar una pobre cena antes de ir a la cama.

A la mañana siguiente, cuando el zapatero y su esposa regresaron a la tienda, vieron que ya no estaban las piezas de piel sobre la mesa. En su lugar, para su sorpresa y alegría, ¡había un hermoso par de zapatos nuevos perfectamente hechos! El zapatero miró los zapatos y vio que eran mucho mejores que cualquiera de los que él había hecho.

"¿Quién pudo haber hecho esto?", se preguntó la esposa del zapatero.

Al poco rato, entró un hombre muy elegante a la tienda. Se probó los zapatos y quedó tan complacido que ofreció un excelente precio por ellos. El zapatero tomó el dinero y compró suficiente piel para hacer otros dos pares de zapatos.

Esa noche, el zapatero cortó de nuevo la piel para hacer los zapatos al día siguiente. Cuidadosamente puso las piezas sobre su mesa y después se fue a casa.

Y a la mañana siguiente, cuando él y su esposa regresaron a la tienda, había dos pares de zapatos esperándolos sobre la mesa. Estos zapatos eran más hermosos que los que habían encontrado el día anterior.

Más tarde, un hombre y una mujer muy elegantes entraron a la tienda. "¡Qué adorables zapatos!", exclamó la dama. Ella y el caballero estaban tan complacidos que pagaron un precio aún más alto por los zapatos que el hombre del día anterior. Ahora el zapatero podría comprar suficiente piel para hacer otros cuatro pares de zapatos.

ZAPATOS

Y sucedió lo mismo, noche tras noche. El zapatero cortaba la piel para hacer cada vez más zapatos, colocaba con cuidado las piezas, y cada mañana encontraba filas de lindos zapatos esperándolo sobre la mesa.

La noticia sobre los finos zapatos del zapatero se extendió por toda la región. Empezó a llegar gente de lejos para ver y comprar los zapatos de su tienda.

Al poco tiempo, el zapatero y su esposa ya no eran pobres. De hecho, se estaban volviendo muy ricos. Tenían dinero suficiente para comer bien y comprarse ropa nueva. ¡Apenas podían creer su buena suerte!

Entonces, unas semanas antes de Navidad, el zapatero le dijo a su esposa: "¡Cómo me gustaría saber quién está haciendo estos finos zapatos para nosotros! Quedémonos despiertos esta noche para averiguarlo."

"Excelente idea", dijo su esposa. "Me encantaría saber quién nos ha estado ayudando todas estas noches."

El zapatero y su esposa fueron a la tienda esa misma noche. Encendieron una vela y la pusieron cerca de su mesa de trabajo.

"Debemos escondernos", dijo el zapatero. Se acomodaron detrás de la ropa que estaba colgada en un rincón del cuarto, y ahí esperaron.

Al dar la medianoche, mientras el zapatero y su esposa espiaban, dos duendecillos que llevaban ropa delgada y maltratada entraron a la tienda. Se subieron inmediatamente a la mesa y comenzaron a trabajar. ¡Sus dedos volaban conforme cosían, martillaban y moldeaban!

El zapatero y su esposa apenas podían creer lo que veían. Los duendes no pararon hasta que toda la piel se había convertido en zapatos.

Cuando terminaron con su trabajo, barrieron todos los restos de piel y dejaron la mesa tal como la habían encontrado. Después, en un abrir y cerrar de ojos, bajaron de la mesa y salieron de la tienda.

A la mañana siguiente, la esposa del zapatero dijo: "Esos dos duendecillos han hecho mucho por nosotros. Deberíamos darles un regalo para demostrarles nuestro agradecimiento. Deben tener frío con esa ropa raída que llevan, así que les haré dos pequeños trajes y sombreros. ¿Harías dos pares de botitas para ellos?"

"Por supuesto", contestó el zapatero. Entonces se pusieron a trabajar en la ropa para los duendes.

La esposa hizo dos lindos abrigos de lana verde. Después cosió dos diminutas camisas de tela fina. Hizo dos sombreritos, y le puso una vistosa pluma a cada uno. Luego tejió dos pares de calcetas gruesas. El zapatero cosió dos pares de botitas. Esa noche, colocaron sus regalos sobre la mesa de trabajo.

A medianoche, como siempre, los dos duendecillos entraron saltando a la tienda, listos para trabajar. Miraron la mesa de trabajo, esperando encontrar piel para convertirla en zapatos.

Pero cuando vieron la linda ropita, primero se confundieron. ¡Después su sorpresa se convirtió en alegría! Rápidamente comenzaron a ponerse los trajes, camisas, sombreritos y botas.

Mientras se ponían su ropa, empezaron a bailar una alegre danza. Brincaron por todas partes y aplaudieron de alegría. Entonces comenzaron a cantar:

*Ahora somos unos elegantes caballeros,*
*ya no hay necesidad de que nosotros trabajemos.*

En cuanto se vistieron, empezaron a bailar cada vez más rápido. Brincaban, reían y cantaban hasta que, finalmente, salieron girando por la puerta de la tienda.

El zapatero y su esposa los vieron bailar por la calle cubierta de nieve, bajo la luz de la luna. El zapatero sonrió y dijo: "Me pregunto si los volveremos a ver."

"Tal vez no", contestó su esposa. "Pero me siento muy feliz de haber podido recompensarles todo lo que ellos han hecho por nosotros. ¡Esta es nuestra Navidad más feliz!"

El zapatero y su esposa nunca volvieron a ver a los dos duendecillos.

Sin embargo, desde ese día, los dos tuvieron muy buena suerte en todo lo que hicieron. Y nunca olvidaron a quienes los ayudaron cuando más lo necesitaron: ese simpático par de duendecillos.

# EL *Niño* DEL *Tambor*

Hace mucho tiempo, cerca del pueblo de Belén, había un niño cuya familia era muy pobre. Su ropa no era elegante. En ocasiones sentía hambre, porque no tenía suficiente comida.

Pero el niño poseía algo que le alegraba la vida. Tenía un tambor. El tambor había pertenecido a su padre, y antes de él a su abuelo. Muchos años atrás, cuando su abuelo era joven, un grupo de músicos viajeros había llegado al pequeño pueblo. Los músicos le dieron el tambor a su abuelo.

Cuando el niño tuvo edad suficiente, le enseñaron a tocarlo: *¡ropo-pon-pón!* Entonces el tambor fue suyo.

El niño quería a su tambor más que a ninguna otra cosa en el mundo. De hecho, tocaba el tambor todo el día por todo su pueblo. Los demás niños del pueblo lo seguían, marchando y cantando mientras él tocaba. En ocasiones, ¡hasta los animales se unían al desfile!

El niño tocaba el tambor tan seguido y tan bien que la gente del pueblo comenzó a llamarlo el "Niño del Tambor". Siempre sonreían cuando lo escuchaban tocar y cantar:

*Ropo-pon-pón,*
*yo y mi tambor.*

Al mismo tiempo, en el pueblo de Nazaret, vivía una joven llamada María. Un día, el arcángel Gabriel se le apareció a María y le dijo que tendría un bebé y que debía llamarlo Jesús.

Por aquella época, César Augusto, quien gobernaba esas tierras, emitió un decreto. Todas las personas debían ir al pueblo donde habían nacido. Ahí, los recaudadores de impuestos registrarían sus nombres.

Entonces María y su esposo, José, realizaron un largo viaje de Nazaret a Belén. Habían viajado muy despacio, porque María estaba esperando un bebé. María iba montada en un asno, y José caminaba a su lado.

Cuando María y José finalmente llegaron a Belén, el pueblo estaba lleno de toda la gente que había llegado a registrarse. José preguntó en muchas casas por un lugar donde pasar la noche, pero nadie tenía un cuarto para ellos. Estaba oscureciendo y cada vez hacía más frío afuera.

Finalmente, José y María llegaron a una posada. De nuevo pidieron un cuarto. El posadero dijo: "No tengo ningún cuarto adentro, pero hay un establo detrás de la posada. Pueden quedarse ahí con los animales esta noche."

María y José tenían tanto frío y estaban tan cansados, que se sintieron felices de encontrar un lugar para pasar la noche. Así que entraron al pequeño establo y durmieron sobre la paja con los animales.

Durante la noche, el bebé nació. Fue un niño, justo como el arcángel Gabriel lo había anunciado. María le puso por nombre Jesús y lo envolvió en pañales. Le hizo una cama poniendo paja en un pesebre. Después lo recostó con cuidado sobre la paja.

Esa misma noche, algunos pastores estaban en un campo cercano cuidando sus ovejas. De pronto, un ángel se les apareció y les dijo que había nacido el niño Jesús.

El ángel dijo: "Vayan a Belén, donde encontrarán al recién nacido recostado en un pesebre." Entonces, aparecieron muchos ángeles cantando: "Paz en la tierra y buena voluntad para todos." Cuando los ángeles desaparecieron, los pastores se dirigieron rápidamente al pesebre donde estaba el bebé Jesús.

Todos hablaban sobre el niño Jesús y querían llevarle regalos. El Niño del Tambor escuchó esto y pensó: "Yo también quiero ver a Jesús. ¿Pero qué podría llevarle de regalo?"

Esa noche, cuando se dirigía a Belén, vio algo sorprendente. Se encontró con tres reyes, cuyos camellos iban cargados con pesadas alforjas. Los reyes estaban vestidos con la ropa más fina que el niño había visto. ¿También iban a ver al bebé Jesús?

El Niño del Tambor escuchó mientras los seguía: "Esa es la estrella que seguimos", dijo uno. "Esa brillante estrella nos ha guiado a través de muchas tierras, durante muchas noches. Miren, nos señala el establo que está adelante."

Los tres reyes siguieron la estrella hasta el pesebre donde se encontraba el niño Jesús. Cuando los reyes llegaron, toda la gente que se había reunido se hizo a un lado. "¿Quiénes son ustedes?", preguntó un pastor.

"Mi nombre es Melchor", dijo el primero, "y he traído oro para el bebé recién nacido".

El segundo dijo: "Yo soy Gaspar. He traído incienso, un raro y bello perfume."

"Y mi nombre es Baltasar", dijo el tercero. "Yo también he traído un valioso perfume, llamado mirra."

Los tres reyes colocaron sus regalos junto al pesebre y dijeron: "Hemos seguido la estrella desde muy lejos, para ver al bebé recién nacido."

El Niño del Tambor vio los hermosos regalos que los reyes habían llevado. "Oh, ¿qué puedo hacer?", pensó. "¡Yo no tengo nada para regalarle!" Bajó la cabeza y empezó a alejarse.

Entonces vio el tambor a su lado. De pronto supo qué podría regalarle. ¡Cantaría y tocaría su tambor para el niño Jesús! Comenzó a cantar suavemente en la orilla de la multitud:

*El camino que lleva a Belén*
*baja hasta el valle que la nieve cubrió,*
*los pastorcillos quieren ver a su rey*
*le traen regalos en su humilde zurrón.*
*Ropo-pon-pón, ropo-pon-pón.*
*Ha nacido en un portal de Belén*
*el niño Dios.*

Cuando el Niño del Tambor comenzó a tocar y cantar, la gente se hizo a un lado para dejarlo pasar. Conforme se acercaba al pesebre seguía cantando:

*Yo quisiera poner a tus pies*
*algún presente que te agrade, Señor,*
*mas tú ya sabes que soy pobre también*
*y no poseo más que un viejo tambor,*
*ropo-pon-pón, ropo-pon-pón.*
*En tu honor frente al portal tocaré*
*con mi tambor.*

María se dio cuenta de que el pobre niño les estaba dando un regalo, el mejor regalo que tenía. Era un regalo de amor. Ella sonrió y asintió con la cabeza para que continuara su canción:

*El camino que lleva a Belén*
*yo voy marcando con mi viejo tambor.*

*Nada mejor hay que yo te pueda ofrecer,*
*su ronco acento es un canto de amor*
*ropo-pon-pón, ropo-pon-pón.*

*Cuando Dios me vio tocando ante él,*
*¡me sonrió!*

# VILLANCICOS *Navideños*

## Decoremos la sala

Decoremos con acebo
fa la la la la, la la la la.
Es tiempo de estar contentos,
fa la la la la, la la la la.

Ropa alegre hoy vestimos,
fa la la la la la, la la la.
Y entonamos villancicos,
fa la la la la, la la la la.

Llega ya la Nochebuena,
fa la la la la, la la la la.
Canta el coro, el arpa suena,
fa la la la la, la la la la.

Vamos ya a decorar,
fa la la la la la, la la la.
Porque viene Navidad,
fa la la la la, la la la la.

## Cascabel, cascabel

En trineo van,
por la nieve a pasear,
suena un cascabel
y cantan otros más.

Música de amor,
porque es Navidad
brillan nuestras almas
y todo es felicidad.

¡Cascabel, cascabel,
lindo cascabel!
Con tus notas de cristal
nos traes la Navidad.

## Mi querido Santa Claus

Mi querido Santa Claus,
óyeme muy bien
y a nadie le cuentes
lo que te diré.
Nochebuena, Santa Claus,
pronto llegará.
¿Puedes tú decirme
lo que me traerás?

Cuando vaya a dormir
y empiece a soñar,
por la chimenea
sé que bajarás.
Con tu bolsa llegarás
y me dejarás
el lindo juguete
que he pedido ya.

## Árbol navideño

¡Qué verdes son tus hojas, oh,
mi árbol navideño!
¡Qué verdes son tus hojas, oh,
mi árbol navideño!

En el verano, verde estás,
y en el invierno lucirás.
¡Qué verdes son tus hojas, oh,
mi árbol navideño!

¡Qué verdes son tus hojas, oh,
mi árbol navideño!
¡Qué verdes son tus hojas, oh,
mi árbol navideño!

Tus ramas siempre hermosas son,
su aroma es encantador.
¡Qué verdes son tus hojas, oh,
mi árbol navideño!

## ¡Feliz Navidad!

¡Que tengas felices fiestas!
¡Que tengas felices fiestas!
¡Que tengas felices fiestas!
¡Feliz Navidad!

Feliz Navidad
te deseamos hoy
y que el año nuevo
esté lleno de amor.

## La Navidad ha llegado

Llegó la Navidad
y el pavo ya engordó.
Sólo un centavo
le pediré yo.

Si no tiene un centavo,
quizá medio tendrá.
Y si no tiene medio,
un cuarto me dará.
Si no tiene nada,
¡Dios nos bendecirá!

## Noche de paz

Noche de paz, noche de amor,
ved qué bello resplandor.
Hasta los astros que esparcen su luz
van anunciando al niñito Jesús.
Brilla la estrella de paz,
brilla la estrella de amor.

Noche de paz, noche de amor,
todo duerme en derredor.
Fieles velando a un pequeño en Belén,
los pastorcillos, su madre también.
Brilla la estrella de paz,
brilla la estrella de amor.

## La primera Navidad

Es Navidad, Jesús nació,
y los pastores van
conducidos por ángeles
hasta el portal.

Navidad, es Navidad, corren ríos de miel,
¡porque hoy ha nacido el Rey de Israel!

Al volverse a mirar
ese cielo invernal,
descubrieron la estrella
que los guiará.

Navidad, es Navidad, corren ríos de miel,
¡porque hoy ha nacido el Rey de Israel!

## ¡Gloria al Señor!

¡Gloria al Señor, Jesús nació,
el Rey de la Creación!
Y cada quien prepara
su corazón y canta,
y alaba al Señor,
y alaba al Señor,
y en toda la Tierra se alaba al Señor.

¡Gloria al Señor, el Salvador!
Los hombres cantarán.
Las aves y los campos,
las aguas y las rocas
resuenan con amor,
resuenan con amor,
resuenan y cantan a su creador.

Gobierna el mundo con amor
y a las naciones da
la justicia y la paz,
la gracia y la verdad
y todo su perdón,
y todo su perdón,
comparte las maravillas de su amor.

# EL *Muñeco* DE *Nieve*

"Ven a ver, Matt, ¡está nevando!", gritó Jenny. "¡La nieve cae tan fuerte que casi no veo el otro lado de la calle!"

Matt corrió a la ventana y vio que Jenny tenía razón. La nieve estaba comenzando a cubrir todo. ¡Cómo ansiaba salir a jugar en la nieve! Estaba seguro de que todos sus amigos estarían en el parque.

Matt y Jenny corrieron a ponerse sus botas. "¡Yo también quiero ir!", dijo Mariana. Ella siempre quería ir adonde ellos iban. "No", dijo Matt. "Todavía eres demasiado pequeña para ir al parque con nosotros. Tal vez más adelante."

Lisa, Tracy y Paul ya estaban en el parque cuando Matt y Jenny llegaron. "¿No es fantástico?", dijo Tracy. "¡Hay muchísima nieve!"

"Hagamos un muñeco de nieve", dijo Paul. "Un enorme muñeco de nieve… tan alto como podamos."

Se pusieron a trabajar. No fue fácil. Tuvieron que rodar una enorme bola de nieve para hacer el cuerpo, otra para el pecho, y una más pequeña para la cabeza. Cuando ya habían terminado, Jenny dijo: "Necesita una cara y ropa." Todos corrieron a casa a ver qué podían encontrar.

Lisa encontró unos trozos de carbón para los ojos y un botón para la nariz. Tracy le pidió prestada su bufanda púrpura a su hermano mayor, y Paul fue por la pipa que había usado la Noche de Brujas.

Matt y Jenny encontraron un par de botas en su armario. ¡Entonces vieron a Mariana que estaba jugando con lo mejor de todo! Había ayudado a su mamá a limpiar el ático y encontró un sombrero de copa negro… ¡perfecto para su muñeco de nieve! "Mariana, puedes darle tu sombrero a nuestro muñeco de nieve", dijo Jenny, "y así ayudarnos a vestirlo".

De regreso en el parque, Lisa puso la nariz de botón y los ojos de carbón en la cara del muñeco de nieve. Tracy le colocó la bufanda púrpura alrededor del cuello. Y Paul le clavó la pipa en la boca.

Todos aplaudieron y gritaron cuando Paul le ayudó a Jenny a poner el sombrero sobre la cabeza del muñeco de nieve. "¿Qué nombre le pondremos?", preguntó Tracy. "Hmm… ¿qué tal… Frosty?", sugirió Jenny. "¡Sí!", gritaron todos. Así que se llamó Frosty.

Los niños comenzaron a bailar en círculo alrededor de Frosty. Entonces la pequeña Mariana dijo: "¡Cómo desearía que Frosty tuviera vida, para que pudiera jugar con nosotros!" En ese momento, Matt volteó a ver la cara de Frosty. "¡Cielos!", gritó. "¡Frosty me acaba de guiñar un ojo!"

Todos voltearon en el momento justo para ver a Frosty sonreír. ¡En realidad estaba vivo! "¡Hurra!", gritaron. Entonces todos le dieron al muñeco de nieve un abrazo muy fuerte. Frosty empezó a reír. "¡Oigan! ¡Me hacen cosquillas!", protestó. "¡Deténganse!"

Todos rieron, y Frosty comenzó a bailar. Los niños hicieron una fila detrás de él. Pronto se había formado un gran desfile alrededor del parque, con Frosty a la cabeza.

Después de desfilar por el parque, Frosty dijo: "¡Viva, esto sí es divertido! ¿Qué más podemos hacer?"

"¡Vamos por los trineos!", dijo Paul.

Subieron sus trineos hasta la cima de la colina y se prepararon para una carrera. "¡Oh no!", exclamó Matt. "¿Qué vamos a hacer ahora? Frosty es demasiado grande para subirse en cualquiera de nuestros trineos."

"No se preocupen por eso", rió Frosty. "Recuerden que estoy hecho de nieve. Todo lo que tengo que hacer es acostarme y deslizarme. ¡Miren!" Frosty tenía razón. Se pudo deslizar tan rápido como el trineo más veloz, tan sólo con recostarse sobre su espalda. ¡Qué carrera hicieron todos!

Esa noche, Jenny, Matt y Mariana ansiaban contarle a sus padres sobre Frosty. "¿Un muñeco de nieve que habla, baila y se desliza?", preguntó su padre. "Bueno, creo que eso es algo que tendría que ver para creer."

"Pero Frosty es un muñeco de nieve muy especial", dijo Matt. "Y mañana queremos llevarlo a patinar en hielo. ¿Nos prestas tus patines?"

"Claro", dijo su padre. "Como está hecho de nieve, supongo que no se va a lastimar si se cae una o dos veces."

Temprano, a la mañana siguiente, los niños corrieron a buscar a Frosty. "Espera a que intentes patinar", dijo Lisa. "Es todavía más divertido que deslizarse en trineo."

Cuando Frosty vio a todos los patinadores en el estanque, dijo: "No sé. Parece un poco difícil."

Frosty valientemente se puso sus patines y empezó a patinar despacio. "¡Oigan, no es tan difícil!", dijo. "Tenían razón. Esto es divertido." Aprendió a hacer un ocho y hasta a levantar una pierna en alto mientras patinaba. "¡Yupi!", gritó, inclinando su sombrero de copa cuando pasaba deprisa.

Después de un rato, los niños comenzaron a sentir frío. "Ven, Frosty", dijo Tracy. "Vamos a entrar a una casa a calentarnos. Mis manos están heladas."

Entraron a una cabaña pequeña y cálida. Sus manos comenzaron a calentarse. Pero habían olvidado algo muy importante. ¡Frosty estaba hecho de nieve!

"¡Cielos! Este lugar no me sienta muy bien", dijo. "Yo los espero afuera."

Frosty esperó a sus amigos afuera. Mientras miraba a otros patinadores, vio que un niño estaba patinando muy cerca de un letrero que decía: "¡Peligro! Hielo delgado."

"¡Oye, cuidado!", gritó Frosty. Pero el niño no lo escuchó. ¡Iba patinando justo hacia el hielo delgado! En un abrir y cerrar de ojos, Frosty patinó a toda velocidad hacia el niño. Justo cuando el hielo empezaba a romperse, lo asió de una mano y lo puso en un sitio seguro.

¡Frosty era un héroe! ¡Todos lo felicitaron! "¿No te dio miedo?", le preguntó Jenny. "¿Y si hubieras caído por el hielo?"

Frosty sonrió y dijo: "Acuérdate que estoy hecho de nieve. ¡Un poco de frío no me molesta!"

¡PELIGRO!
Hielo delgado

A la mañana siguiente, Jenny miró por la ventana. "¡Oh, no!", exclamó. "Está lloviendo. ¿Qué le pasará a Frosty?" Matt dijo que quizá la lluvia pronto terminaría.

Pero la lluvia no paró. Llovió todo el día. Los niños miraban y se preocupaban por su buen amigo Frosty. Finalmente, a la mañana siguiente, la lluvia se detuvo y salió el sol. "Vamos al parque para ver cómo está Frosty", dijo Matt. "Ven con nosotros, papá."

Cuando llegaron al parque, miraron a su alrededor. No vieron a Frosty por ningún lado. Finalmente, Jenny gritó: "¡Miren ahí! El sombrero de Frosty está junto a ese árbol." Pero sólo había un poco de nieve junto al sombrero. ¡Frosty ya no estaba!

Todos miraron el sombrero y la poca nieve que quedaba. Mariana recogió el sombrero con tristeza. Entonces su padre sonrió. "Miren", dijo, "debajo del sombrero de Frosty. ¡Les dejó una señal de que regresará el próximo año!"

Y ahí estaba. Una diminuta flor, precisamente del color de la bufanda púrpura de Frosty, había brotado en la nieve. Casi parecía sonreír y decir: "¡Nos vemos el próximo año!"

# Rodolfo

## EL RENO

¡Era Nochebuena en la Tierra de los Renos! Todos los renos estaban emocionados porque Santa Claus los visitaría esa misma noche. Una capa nueva de nieve cubría el suelo. Los renos jóvenes patinaban, se deslizaban en trineos y hacían muñecos de nieve. ¡Qué divertido era jugar en la nieve invernal!

Todos se divertían, excepto un pequeño reno. "¡Miren al gracioso Rodolfo!", gritaban los demás. "Su nariz es más grande y roja que un tomate. ¡Y miren cómo brilla!"

"Yo también traje mi trineo para jugar", dijo Rodolfo.

"¡Pero tú no puedes jugar con nosotros!", rieron los renos. ¡Pobre Rodolfo! Arrastrando su trineo, se alejó triste. Una lágrima brillante rodó por su mejilla.

"Tal vez podría cubrir mi nariz", se dijo Rodolfo. "Le podría poner tierra. Así, por lo menos, no brillaría." Frotó un poco de tierra en su nariz. Pero en realidad no sirvió de nada. ¡La nariz de Rodolfo siempre sería grande, roja y brillante!

Esa noche, Rodolfo se metió a la cama. Miró afuera y vio que una gran niebla cubría las casas y los árboles. Ni siquiera podía ver la luna ni las estrellas.

"Oh, cielos", suspiró. "Espero que Santa Claus pueda ver entre tanta niebla. Quiero que encuentre mi casa." Rodolfo sabía que había sido un buen reno.

Al mismo tiempo, en el Polo Norte, Santa Claus estaba ocupado llenando su trineo de juguetes. Tenía que alistarse para su gran viaje. "Me preocupa toda esta niebla", murmuró. "Me temo que va a ser difícil ver. Tengo que volar despacio para no chocar contra nada."

Entonces llamó a sus renos: "¡Vamos, Destello, Danzarín, Gambito y Relámpago! ¡Vámonos, Cometa, Cupido, Estrella y Lucero!"

Se alejaron volando. Primero, avanzaron mucho. Las lámparas de las calles y las luces de las casas los mantenían en curso. Y Santa Claus trabajó con rapidez, asegurándose de dejar los juguetes correctos a cada niño y niña.

Para medianoche, estaba muy oscuro. No había estrellas que guiaran el trineo, y la niebla era demasiado espesa. Santa Claus se empezó a preocupar. En ese momento, el trineo llegó a la casa de Rodolfo. Todo estaba tan oscuro que Santa no podía ver nada. Después de casi caerse por la chimenea, trató de moverse por el cuarto. ¡Se tropezó con una silla!

Llegó hasta la primera recámara, asegurándose de dejar los juguetes correctos. ¡Le estaba tomando más tiempo del que había pensado! ¿Y si no llegaba a todas las casas antes del amanecer? ¿Y si la gente empezaba a despertar antes de que él terminara su trabajo?

Santa Claus estaba muy preocupado. Abrió la puerta para ver la siguiente recámara, ¿y qué crees que vio? Esta recámara no estaba a oscuras. Una luz roja y brillante llenaba el cuarto. ¡Santa podía ver todo como si fuera de día!

No era una lámpara lo que alumbraba el cuarto. No eran la luna ni las estrellas las que lo hacían brillar. No, ¡era la nariz roja de Rodolfo! El trabajo de Santa Claus en este cuarto fue fácil. Supo exactamente qué regalo dejar para el pequeño reno. Se sintió feliz al salir por la puerta.

Pero el resto de la casa estaba más oscuro que nunca. Entonces, de pronto, ¡Santa Claus tuvo una *gran idea*! Regresó al cuarto de Rodolfo y despertó al pequeño reno de su profundo sueño.

Rodolfo no podía creer lo que veía. Ahí, junto a su cama, estaba Santa Claus.

"¡Rodolfo, tú puedes salvar mi trabajo esta noche!", dijo Santa Claus. "La niebla y la oscuridad están retrasándome. Tal vez no logre llegar a todas las casas antes del amanecer."

"¿Pero yo qué puedo hacer?", preguntó Rodolfo.

Santa contestó: "Necesito que nos guíes en la niebla. ¡Tu nariz brillante alumbrará el camino!" Eso era todo lo que Rodolfo necesitaba. Por supuesto que iba a ayudar a Santa Claus. (¿Tú no lo harías?)

En un segundo, Rodolfo le escribió una nota a su familia. Decía: "Me fui a ayudar a Santa Claus. No se preocupen. Regreso en la mañana. Los quiere, Rodolfo." Santa se apresuró a poner su trineo en el patio, para que Rodolfo pudiera unirse al equipo.

Rodolfo salió de casa luciendo su nariz roja y brillante. Santa Claus dijo: "Rodolfo, te presento a Destello, Danzarín, Gambito y Relámpago; Cometa, Cupido, Estrella y Lucero." Los renos de Santa sonrieron y asintieron, pero no podían creer lo que veían. ¿Quién había visto antes un reno con una nariz tan grande, roja y brillante?

Santa Claus puso a Rodolfo al frente del equipo y les dio a los renos la señal de partida. Volaron muy, muy alto. Aun con la niebla, ahora pudieron volar rápidamente. La nariz de Rodolfo alumbraba todo el mundo. En ningún momento perdieron su camino.

Trabajaron tan rápido, que Santa pudo terminar de llenar la última calceta justo cuando el sol se asomaba por el horizonte.

El sol de la mañana también despertó a los renos de la casa de Rodolfo. Papá Reno se levantó primero y encontró la nota de Rodolfo. "¿Qué es esto?", dijo. "¿Nuestro Rodolfo se fue a ayudar a Santa Claus? ¿Quién lo hubiera pensado?"

"¿Nuestro Rodolfo?", dijo Mamá Reno.

La noticia se supo rápidamente en todo el pueblo. Los renos se reunieron fuera de la casa de Rodolfo a esperar que regresara. "¿Quieren decir que Rodolfo, el de la graciosa nariz roja, está ayudando a Santa Claus?", preguntaban.

Esto era difícil de creer. Ese reno callado y solitario… ¿en realidad era un héroe de Navidad? Todos sabemos que viajar con Santa Claus es el honor más grande que un reno puede tener.

En ese momento, el trineo y los renos se alcanzaron a ver. Bajaron volando, con Rodolfo al frente. ¡Qué calurosa bienvenida le dieron! Todos los renos que se habían burlado de Rodolfo ahora lo saludaban y vitoreaban mientras el trineo de Santa Claus bajaba a tierra.

Cuando el trineo se detuvo, Santa dijo: "Rodolfo, nunca había tenido un reno tan valiente como tú. Pasaste por la niebla más espesa guiando mi trineo. Me habría perdido sin ti."

Entonces, la multitud gritó: "¡Viva Rodolfo! ¡Viva Rodolfo! ¡Que hable! ¡Que hable!" Pero Rodolfo, aunque era un héroe, seguía siendo tímido. ¡Le dio tanta pena que su nariz brilló más que nunca!

*Es de noche, está nublado*
*y ya casi es Navidad.*
*Si te quedas quieto y callado*
*quizá veas la luz brillar.*
*El trineo y nueve renos*
*llevan pronto a Santa Claus;*
*al frente va Rodolfo*
*guiando con su resplandor.*